SEMERKAND

Köln 2018

Halal und Haram

Erlaubtes und Verbotenes im Islam

Harun Reşit Şahin

SEMERKAND

Halal und Haram
Erlaubtes und Verbotenes im Islam

info@erolmedien.de

ISBN: 978-3-95707-048-7

Autor: Harun Reşit Şahin

Lektorat, Satz und Gestaltung: Erol Medien GmbH

erste Auflage 2018

Druck:

Sistem Matbaacılık
Davutpaşa Cad. Yılanlı Ayazma Sok. No: 8
Davutpaşa/İstanbul
Tel: 0212 482 11 01
(yaygın dağıtım)

Erol Medien GmbH
Kölner Str. 256
51149 Köln

Tel: +49 (0) 2203/ 36 94 90
Fax: +49 (0) 2203/ 36 94 910

E-Mail: info@erolmedien.de
Web: www.erolmedien.de
www.semerkandonline.de

Inhalt

Vorwort

Die Schlachtung und der Verzehr von Tieren

Rauschmittel

Notsituationen

Luxus

Sport und Spiel

Bildnisse

Körperpflege und Schönheit

Der Intimbereich/Schambereich *(Awreh)*

Fruchtbarkeit und Verhütung

Die besonderen Tage der Frau

Heirat und Ehe

Unzucht

Familie und Haushalt

Soziales Leben

Besitz und Erwerb

Das Geschäftsleben

Geld und Verleih

Leben und Tod

Magie und Aberglaube

Fragen und Antworten zu den oben behandelten Themen

VORWORT

Warum man sich mit dem Thema *Halal* und *Haram* beschäftigen sollte

Das Thema *Halal* und *Haram* ist einer der wichtigsten Themenbereiche im Islam überhaupt, denn es betrifft nicht nur fast alle Lebensbereiche des Muslims, sondern entscheidet auch darüber mit, ob der Muslim im Jenseits belohnt oder bestraft wird. Da nur der, der über die Regeln des *Halal* und *Haram* Bescheid weiß, sich konsequent vor religiösem und spirituellen Schaden schützen kann, herrscht Konsens unter den Gelehrten, dass die Beschäftigung mit dem Thema *Halal* und *Haram* die „Fard el-Ayn" (individuelle Pflicht) eines jeden Muslims ist.

Im Folgenden wollen wir nicht nur auf jene Gefahren hinweisen, die in der Geringschätzung des *Halal* und *Haram* liegen, sondern auch auf jenen religiösen und spirituellen Nutzen, der darin liegt, sich an die Regeln des *Halal* und *Haram* zu halten.

Der Glaube an das *Halal* und *Haram* gehört zu den Glaubensgrundsätzen des Islam

Der Prophetengefährte Dschabir Bin Abdullah (r.a.) berichtet uns davon, wie eines Tages ein Mann zum Gesandten Allahs (s.a.w.s.) kam und diesen fragte: *„Meinst du, dass ich ins Paradies komme, wenn ich mich darauf beschränke, die vorgeschriebenen Gebete zu verrichten, im Ramadan zu fasten und das Erlaubte als erlaubt und das Verbotene als verboten anzusehen?"* und wie dieser dem Mann antwortete: *„Ja!"*[1]

Die Gelehrten interpretieren den Ausspruch *„das Erlaubte als erlaubt und das Verbotene als verboten ansehen"* wie folgt: „Dies bedeutet, dass man daran glauben muss, dass das Erlaubte erlaubt und das Verbotene verboten ist, und man sich zusätzlich dazu von den verbotenen Dingen fernhält. *„Das Erlaubte als erlaubt anzusehen"* bedeutet, dass man es als erlaubt ansieht, die erlaubten Handlungen auszuführen und *„das Verbotene als verboten anzu-*

---

1   Muslim: El-Iman, 15/18.

sehen" bedeutet, dass man es als verboten ansieht, die verbotenen Handlungen auszuführen."

An dieser Aussage sieht man, dass die Beschäftigung mit dem Thema *Halal* und *Haram* nicht nur den Bereich der islamischen Rechtslehre betrifft, sondern ein fester Bestandteil der Glaubensgrundsätze des Islam ist. Denn wer nicht daran glaubt, dass Dinge, die eindeutig *Haram* sind, verbotene Dinge und Dinge, die eindeutig *Halal* sind, erlaubte Dinge sind, fällt genauso aus dem Glauben heraus, wie einer, der ein *Haram* zum *Halal* oder ein *Halal* zum *Haram* macht.

Die Religion kann nur Bestand haben, wenn die Ge- und Verbote des Erhabenen Allah Bestand haben. Werden diese mit der Zeit immer mehr aufgeweicht und verändert, wird auch die Religion mit der Zeit immer mehr aufgeweicht und verändert und am Ende dieses Prozesses steht eine neue Religion, die mit dem Islam nicht mehr viel zu tun hat.

In diesem Sinne sagt der Erhabene Allah im Edlen Quran: „O ihr Gläubigen! Verbietet nicht das Schöne, das euch Allah erlaubt hat und überschreitet nicht die Grenzen! Allah liebt die Grenzüberschreiter nicht! Esst von den erlaubten und reinen Dingen, die euch Allah zur Verfügung gestellt hat und fürchtet Allah, an Den ihr glaubt!"[2]

Weil ein Mensch seinen Glauben nur dann schützen kann, wenn er weiß, was erlaubt und was verboten ist, ist es folgerichtig, dass die Beschäftigung mit den Regeln des *Halal* und *Haram* die individuelle Pflicht (Fard el-Ayn) eines jeden einzelnen Muslims ist.

Hierüber sagte der Gesandte Allahs (s.a.w.s.) nicht nur: *„Das Anstreben des Halal ist die Pflicht eines jeden Muslims!"*[3], sondern er

---

2   5. Sura: El-Ma'ideh, Vers 87f.
3   Taberani: El-Ewsat, Nr. 8610.

sagte ebenfalls: *„Das Anstreben des Wissens ist die Pflicht eines jeden Muslims!"*[4]

Die Gelehrten wiederum führen nun diese beiden Aussagen des Propheten (s.a.w.s.) zusammen und sagen: *„Dies bedeutet, dass das Anstreben des Wissens bezüglich des Halal und Haram die Pflicht eines jeden Muslims ist und dass beide Hadithe mit ihrer Aussage ein und denselben Zweck verfolgen!"*

Die Beachtung des *Halal* und *Haram* ist die Grundlage allen Handelns

Was *Halal* und was *Haram* ist, leitet sich aus den beiden Primärquellen des Islam, dem Edlen Quran und der *Sunneh* her. Nur wenn hierfür die Rechtsgrundlage eindeutig und unmissverständlich ist, wagen es die Gelehrten, eine Sache für *Halal* oder *Haram* zu erklären. Dinge, bei denen diesbezüglich Zweifel bestehen, werden von den Gelehrten nicht für *Halal* oder *Haram* erklärt, sondern irgendwo in der Mitte zwischen diesen beiden Extremen angesiedelt.

Der Gesandte Allahs (s.a.w.s.) sagte: *„Das Erlaubte wurde eindeutig dargelegt und das Verbotene wurde eindeutig dargelegt. Dazwischen (liegen) die zweifelhaften Dinge. Den meisten Menschen ist (deren religiöse Wertung) nicht bekannt (und sie wissen nicht, ob diese näher am Halal oder näher am Haram liegen). Wer nun vor dem Zweifelhaften zurückschreckt, bewahrt seinen Glauben und seine Ehre. Wer sich (aber) auf das Zweifelhafte einlässt, lässt sich (auch) auf das Verbotene ein. (Er ist) wie der Hirte, der (seine Tiere) um den geschützten Bezirk herum weiden lässt und da fehlt dann wenig daran, dass er (seine Tiere) im heiligen Bezirk grasen lässt. Gewiss hat ein jeder Herrscher seinen heiligen Bezirk und gewiss besteht der heilige Bezirk Allahs aus Seinen Verboten!"*[5]

Wir alle gehören zu jenen Schafen, die grasend über die Weiden dieser Welt ziehen. Unser Hirte ist hierbei der Islam, der uns er-

---

4   Ibn Madscheh: Sunen, Nr. 224.
5   Muslim: Musaqah, Nr. 1599.

klärt, welche irdischen Gewächse uns eindeutig erlaubt und welche verboten sind. Folgen wir diesem Hirten und halten wir uns an seine Anweisungen, ist unsere Milch fett und unsere Lämmer sind gesund. Tun wir dies nicht, nehmen nicht nur wir selbst Schaden an den verbotenen Gewächsen, sondern auch unsere Familie und unser Nachwuchs.

Wer sich und seine Familie auf erlaubte Weise versorgen möchte, muss als erstes wissen, wie er sein Geld auf erlaubte Weise verdienen kann, also welche Formen des Erwerbs, des Handels, der Kapitalvermehrung und gegebenenfalls auch welche Arten von Darlehen und Krediten *Halal* sind. Denn wenn seine Einkünfte nicht auf erlaubte Art und Weise zustande gekommen sind, sind auch all jene Dinge, die er mit seinem Geld für sich und seine Familie erwirbt nicht *Halal*. Und so entscheidet also das *Halal* oder das *Haram* des Verdienstes dabei mit, ob die damit erworbenen Dinge *Halal* oder *Haram* sind, selbst wenn diese Dinge an sich *Halal* sind.

Der Gesandte Allahs (s.a.w.s.) verdeutlicht diesen Umstand anhand folgenden Beispiels: *„Wer Textilien im Wert von zehn Silbermünzen verkauft und bei dieser Einnahme nur eine Silbermünze Haram ist, dessen Gebet wird solange nicht von Allah akzeptiert, wie sich noch etwas von diesem Geld (also den zehn Silbermünzen) in seinem Besitz befindet!"* [6]

Das Gebet steht hier symbolisch für alle Arten von *Ibadeh* (gottesdienstlichen Handlungen) und die Textilien für alle Arten von Waren, mit denen man handelt. Wer also beispielsweise vor dem Verkauf eines Autos den Tachostand verändert, bei einem Geschäft Mängel an der Ware verschweigt, die Stundenabrechnung seiner erbrachten Leistung schönt, beim Abwiegen von Lebensmitteln die Waage manipuliert oder andere Arten des Betrugs begeht, verunreinigt seinen Verdienst mit *Haram* und braucht nicht darauf zu hoffen, dass seine *Ibadeh* akzeptiert wird, auch wenn er sonst ein noch so frommes Leben führt. Trotzdem ist er aber natürlich

---

6   Ahmed: Musned, 98/2.

auch in diesem Fall dazu verpflichtet, die vorgeschriebenen Arten der *Ibadeh* auszuführen. Die meisten Gelehrten gehen davon aus, dass der Prophet (s.a.w.s.) in dieser Hadith mit *„dessen Gebet wird nicht von Allah akzeptiert"* meinte, dass man solange keinen göttlichen Lohn für die Ausführung seiner *Ibadeh* erhält, wie man seinen Lebensunterhalt auf Haram-Einnahmen stützt.

Wie wichtig es ist, seine *Ibadeh* auf den erlaubten Erwerb seines Lebensunterhalts zu stützen, bekräftigt der Gesandte Allahs (s.a.w.s.) denn auch mit folgender Aussage: *„Die Ibadeh hat zehn Teile: Neun davon bestehen aus dem Erwerb des Halal!"*[7]

Und er (s.a.w.s.) sagte: *„Wen es nicht kümmert, woher er sein Geld bezieht, bei dem kümmert es Allah nicht, wenn er ins Feuer geworfen wird!"*[8]

Und er (s.a.w.s.) sagte ebenfalls: *„Wer abends vom erlaubten Gelderwerb erschöpft ins Bett geht, verbringt die Nacht in der Verzeihung Allahs und wenn er aufsteht, ist Allah mit ihm zufrieden!"*[9]

Es ist also auf jeden Fall besser, eine Arbeit zu haben, bei der man auf erlaubte Weise wenig Geld verdient, als eine Arbeit, bei der man auf verbotene Weise viel Geld verdient, denn wenn man dabei den jenseitigen Lohn miteinberechnet, ist der Schlechtverdiener unter den beiden ein Großverdiener, der Großverdiener der beiden aber einer, der tief im Verlust ist.

Der erlaubte Gelderwerb ist die Basis und erst wenn das Geld *Halal* ist, können auch jene Güter wirklich *Halal* sein, die man dafür kauft und jene Taten wirklich *Halal* sein, die man vollbringt, indem man diese Güter nutzt.

---

7   El-Ghazali: Ihya'u Ulumuddin: Halal we Haram; 3/349.
8   Ebu Nu'aym: Tarikh el-Esbahan, 1/399.
9   Taberani: El-Ewsat, Nr. 7516.

Wer seinen Magen schützt, schützt seine Religion

Die Großen der Religion sagen dazu: *„Das Essen ist die Keimzelle aller Taten: Wenn man Erlaubtes in den Magen hineinsteckt, kommt dabei Erlaubtes heraus, wenn man Verbotenes in den Magen hineinsteckt, kommt dabei Verbotenes heraus und wenn man Zweifelhaftes in den Magen hineinsteckt, kommt dabei Zweifelhaftes heraus!"*

An dieser Aussage sieht man, dass es besonders wichtig ist, seinen Magen vor allen Arten von verbotenen Lebensmitteln zu schützen, denn alle Dinge, die man sich einverleibt wirken sich auf die ein- oder andere Weise auf die anderen Körperglieder aus. Der Prophet (s.a.w.s.) sagte dazu: *„Der Magen ist das Wasserbecken des Körpers und die Adern sind seine Zu- und Abflüsse, (die in die restlichen Körperregionen führen und diese bewässern). Wenn der Magen gesund ist, tritt aus den Adern Gesundheit hervor und wenn der Magen krank ist, tritt aus den Adern Krankheit hervor!"*[10]

Wer seinen Magen nicht vor dem *Haram* schützt, kann auch seine restlichen Körperglieder nicht vor dem Begehen von *Haram* schützen. Er schafft es nicht, seine Augen vor den verbotenen Dingen zu senken, seine Zunge zu hüten und sein Herz reinzuhalten, genauso wie dies der große *Weli* (Gotteskenner) Sehl et-Tusteri (rah.) sagte: *„Wer Haram isst, dessen Körperteile begehen sieben Sünden, ob er dies nun will oder nicht will und wer Halal isst, dessen Körperteile beschäftigen sich mit dem Gehorsamsdienst am Erhabenen Allah und handeln im Einklang mit Dessen Willen!"*[11]

In diesem Sinne überliefert Imam el-Ghazali (rah.) folgenden Ausspruch des Gesandten Allahs (s.a.w.s.): *„Wer sich 40 Tage ausschließlich von Halal ernährt, dem erleuchtet Allah sein Herz und darin entsteht Weisheit, die von seinem Herz auf seine Zunge fließt!"*[12]

---

10 Taberani: El-Ewsat, Nr. 4340.
11 El-Attar: Tedhkiratul Ewliya, S. 290.
12 El-Ghazali: Ihya'u Ulumuddin: Halal we Haram; 3/348.

Um sich von allen Dingen, die *Haram* sind konsequent fernhalten zu können und sich ausschließlich auf erlaubtem Terrain bewegen zu können, benötigt man viel Disziplin und vor allem *Taqwa* (Furcht vor dem Erhabenen Allah). Nur wer sich wirklich vor Seinem Herrn fürchtet, kann sich vor dem *Haram* hüten und scheut vor allen zweifelhaften Dingen zurück.

Die vier Grade der *Taqwa*

Was *Taqwa* genau ist, lassen wir uns am besten von einem erklären, der selbst nach den Regeln der Gottesfurcht lebte und sich vor allen Arten des *Haram* und allen zweifelhaften Dingen schützte: Imam el-Ghazali (rah.) unterschied zwischen vier Graden der *Taqwa*, die er „Wer'a" (Scheu) nennt und die wir im Folgenden aufführen möchten:

• Die *Wer'a el-Udul*

„Wer'a el-Udul" bedeutet „die Scheu der Unbescholtenen". Dies ist das Zurückscheuen vor allen Dingen, die die Rechtsgelehrten für *Haram* erklärt haben. Wer sich nicht an diese Form der *Wer'a* hält, verhält sich sündhaft und ihm droht, wegen seines unbotmäßigen Verhaltens, ins Feuer geworfen zu werden. Der *Wer'a el-Udul* ist die niedrigste Stufe der *Taqwa*.

In diese Kategorie fällt auch das Zurückscheuen vor allen zweifelhaften Dingen, die von den Gelehrten als „Mekruh Tahrimen" (stark verpönte Dinge, die nahe am *Haram* angesiedelt sind) eingestuft wurden, weil diese Dinge dazu führen können, dass man dem heiligen Bezirk des Erhabenen Allah zu nahe kommt und ein *Haram* begeht.

• Die *Wer'a es-Salihin*

„Wer'a es-Salihin" bedeutet „die Scheu der Frommen". Dies ist das Zurückscheuen vor allen zweifelhaften Dingen, die von den Gelehrten als „Mekruh Tenzihen" (schwach verpönte Dinge, die nahe am *Halal* angesiedelt sind), und bei denen man nicht befürchten muss, dass sie einen in die Nähe des heiligen Bezirks des Erhabenen Allah führen und damit dem *Haram* gefährlich nahe kommen. Wer solche Dinge macht, der wird dafür nicht getadelt. Ihr Weglass ist islamrechtlich gesehen aber „Mustehabb" (gerngesehen) und wer solche Dinge aus seiner *Taqwa* heraus weglässt, erhält dafür göttlichen Lohn

Hierzu zählen aber nur begründete Zweifel und dies bedeutet, dass sich diese Form der *Wer'a* nur auf Dinge bezieht die *Mekruh Tenzihen* sind. Der Gesandte Allahs (s.a.w.s.) sagte dazu: *„Lass das, was dich zweifeln lässt zugunsten dessen, was dich nicht zweifeln lässt!"*[13]

An der Erlaubtheit von Dingen zu zweifeln, die eindeutig *Halal* sind, und sich wegen dieser unbegründeten Zweifel davon fernzuhalten, fällt hingegen nicht in die Kategorie *Wer'a es-Salihin*, sondern in die Kategorie „Wer'a el-Muweswisin" (Scheu jener, die von teuflischer Einflüsterung geplagt werden). Ein Beispiel hierfür wäre, dass man darauf verzichtet, Jagd auf ein Tier zu machen, weil man befürchtet, dieses könnte vor einem anderen Jäger davongelaufen sein und deshalb verletze man dessen Recht, wenn man es nun seinerseits jagt. Und dies ist nichts anderes als eine Form der *Wesweseh*.

Und ein aktuelles Beispiel für die *Wer'a el-Muweswisin* wäre, dass man darauf verzichtet, Käse oder andere Arten von Milchprodukten zu essen, bei deren Herstellung Lab verwendet wurde, das von nicht *Halal*-geschlachteten Tieren stammt, obwohl doch Imam Hanifeh (rah.) dies eindeutig erlaubt hat, unabhängig davon, ob das Tier, dessen Magen das Lab entnommen wurde, *Halal* geschlachtet wurde oder nicht.[14]

Als Beispiel für Dinge, die von den Gelehrten als „Mekruh Tenzihen" (schwach verpönte Dinge, die nahe am *Halal* sind) eingestuft werden, führt Imam el-Ghazali (rah.) folgendes Beispiel auf: Der Gesandte Allahs (s.a.w.s.) sagte: *„Iss, was du tödlich getroffen hast und lass, was (du nur angeschossen hast und) dir entkommen*

---

13   Tirmidhi: Sunen, Nr. 2518.
14   So das Rechtsurteil nach der hanefitischen Rechtsschule.

ist!"[15] Und dieser Fall liegt vor, wenn man ein Tier nur angeschossen hat und dieses anschließend davongelaufen und aus den Augen verschwunden ist. Wenn man dieses Tier nun tot auffindet, weiß man nicht, ob es an der Schussverletzung verstorben ist oder aus einem anderen Grund und wegen diesem begründeten Zweifel sollte man aus der *Wer'a der Salihin* heraus davon absehen, das Fleisch eines solchen Tieres zu essen.

Und so ist der Befehl des Propheten (s.a.w.s.) *„Lass, was dir entkommen ist"*, ein Befehl, der auf ein *Mekruh Tenzihen* hindeutet, denn in einer anderen Überlieferung zum gleichen Thema heißt es: *„Iss davon, auch wenn es aus deinen Augen verschwunden ist, solange es keine anderen Spuren aufweist, als die der (Schussverletzung) deines Pfeils!"*[16]

Der Verzehr des Fleisches eines solchen Tieres ist also keinesfalls *Haram* und der Prophet (s.a.w.s.) überließ es der *Wer'a* (Scheu) des Jägers, ob er aus der *Wer'a der Salihin* heraus auf den Verzehr des Fleisches eines solchen Tieres lieber verzichtet oder dieses Fleisch nach den Regeln der *Wer'a der Udul* betrachtet und seinen Verzehr als erlaubt ansieht.

In solchen Fällen betrachtete der Prophet (s.a.w.s.) erst die materiellen Möglichkeiten und den spirituellen Zustand des Jägers, bevor er ihm eine *Fetwa* (Rechtsgutachten) zu diesem Thema ausstellte. Darauf weisen auch die beiden folgenden Überlieferungen hin, die einen ähnlich gelagerten Fall betreffen:

Es ist erlaubt, Hunde bei der Jagd einzusetzen, die dafür ausgebildet wurden, ihrem Besitzer als Jagdhelfer zu dienen. Als nun der Prophetengefährte Adiyy Bin Hatim (r.a.) einmal mit seinem Hund zur Jagd ging, eilte dieser einem Tier nach und brachte es zur Strecke. Als Adiyy (r.a.) zu dem erlegten Tier kam, fand er Fraßspuren des Hundes an der Jagdbeute. Daraufhin befragte er den Propheten (s.a.w.s.), ob er das Fleisch des Tieres essen dürfe oder

15   Taberani: El-Kebir, Nr. 22/12.
16   Bukhari, Nr. 5485.

nicht. Der Gesandte Allahs (s.a.w.s.) erwiderte ihm: *„Wenn der Hund davon gefressen hat, dann iss es nicht, denn ich fürchte, dass der Hund das Tier nicht für dich zur Strecke gebracht hat, sondern für sich selbst!"*[17]

Als aber ein anderer Prophetengefährte namens Ebu Tha'lebeh (r.a.) dem Propheten (s.a.w.s.) dieselbe Frage stellte, antwortete er ihm: *„Iss davon!"* Und als ihn da Ebu Tha'lebeh (r.a.) fragte: *„Selbst wenn der Hund davon gefressen hat?"*, antwortete ihm der Prophet (s.a.w.s.): *„Selbst wenn er davon gefressen hat!"*[18]

Der Grund für diese beiden unterschiedlichen *Fetwas* des Prophet (s.a.w.s.) ist in den unterschiedlichen materiellen Möglichkeiten und spirituellen Zuständen der beiden Prophetengefährten zu suchen: Ebu Tha'lebeh (r.a.) war sehr arm und deshalb wäre für ihn der Verlust der Jagdbeute ein arger materieller Verlust gewesen und so legte ihm der Prophet (s.a.w.s.) diese Art der *Wer'a* nicht auf. Außerdem wusste der Prophet (s.a.w.s.) den inneren Zustand Ebu Tha'lebehs (r.a.) einzuschätzen und erkannte, dass der Hunger aufgrund des Verlustes des Tieres sich auch negativ auf dessen spirituellen Zustand ausgewirkt hätte. Da der Genuss des Fleisches des Tieres weder *Haram noch Mekruh Tahrimen* war, emp-

---

17   Bukhari, Nr. 175.
18   Ebu Dawud: Sunen, Nr. 2852.

fahl ihm der Prophet (s.a.w.s), sich lediglich an die *Wer'a der Udul* zu halten und erlaubte ihm das Fleisch des Tieres zu essen.[19]

Adiyy Bin Hatim (r.a.) war hingegen nicht arm. Der Prophet (s.a.w.s.) wusste, dass er den Verlust des Tieres nicht nur materiell, sondern auch spirituell, leicht verkraften konnte. Deshalb riet er ihm, sich an die Regeln der *Wer'a der Salihin* zu halten und sich aus Vorsicht vor dem Zweifel, mit dem das Fleisch des Tieres behaftet war, davon fernzuhalten dieses essen und dadurch unnötig spirituellen Schaden zu nehmen.

Summa summarum können wir sagen, dass jene Dinge, die *Mekruh Tenzihen* sind, viel näher am *Halal* als am *Haram* angesiedelt sind. Ihr Unterlass ist *Mustehabb* (gerngesehen) und wird vom Erhabenen Allah belohnt, ihre Ausführung wird aber – wegen ihrer Nähe zum *Halal* – nicht vom Erhabenen Allah bestraft. Und deshalb umschreiben die Rechtsgelehrten die Ausführung von Dingen, die *Mekruh* Tenzihen sind, gerne auch mit dem Ausdruck „La Be'se fihi", es ist nichts Schlimmes dabei, dies zu tun. Wer die-

---

19 Die Rechtsschulen orientieren sich als erstes daran, ob das Tier, das als Jagdhelfer eingesetzt wird, abgerichtet ist oder nicht. Ist es abgerichtet, darf es zur Jagd eingesetzt werden, ist es nicht abgerichtet, gilt es als Raubtier und darf nicht zur Jagd eingesetzt werden. In der Definition dessen, ob ein Tier abgerichtet ist oder nicht, unterscheiden sich die Rechtsschulen: Nach Imam Malik (rah.) reicht es dafür aus, dass das Tier die Jagdbeute verfolgt, wenn man ihm den Befehl dazu erteilt und dass es zurückkehrt, wenn man es ruft. Dies ist auch eine der beiden Meinungen von Imam esch-Schafi (rah.) und hat zur Folge, dass man das Fleisch des Tieres auch dann essen darf, wenn der Hund davon gefressen hat.
In der hanefitischen Rechtsschule ist die Definition enger gefasst. Hierbei gibt es unterschiedliche Ansichten, die besagen, dass entweder ein Fachmann festgestellt haben muss, dass das Tier seine Ausbildung erfolgreich abgeschlossen hat und also als „Jagdtier" gilt oder aber, dass das Tier mindestens dreimal hintereinander bewiesen haben muss, dass es eine Beute zur Strecke bringt, ohne dabei davon zu essen. Sollte es anschließend doch einmal vorkommen, dass es von der Jagdbeute frisst, nimmt man an, dass es in diesem Fall „vergessen hat", nicht davon fressen zu dürfen und man darf das Fleisch des Tieres dann ebenfalls essen. Dies ist die vereinfachte Darstellung des Sachverhalts. Genaueres kann man in dem Werk „Beda'i'u Sana'i von Ala'uddin el-Kasani, 5/ 52 – 54 nachlesen.

se Dinge nun trotzdem unterlässt, hält sich an die *Wer'a der Salihin* und wird deshalb dafür belohnt, wer sie aber ausführt, handelt nicht wider die Regeln des Islam und wird deshalb auch nicht dafür zur Rechenschaft gezogen.

Das Gegenstück zu den Mekruh Tenzihen-Handlungen sind die Mustehabb-Handlungen: Die Ausführung solcher Handlungen ist besser als ihr Weglass und wird vom Erhabenen Allah entlohnt. Und so gehört die Ausführung der Mustehabb-Handlungen genauso zur *Wer'a der Salihin* wie der Weglass der Mekruh Tenzihen-Handlungen. Ein Beispiel hierfür ist die Verrichtung eines Gebets mit vier *Rek'ah* vor dem Nachmittags- und dem Nachtgebet. Wer diese Gebete ausführt, hält sich an die Regeln der *Taqwa* und wird vom Erhabenen Allah dafür belohnt, wer sie hingegen weglässt, hält sich an die Regeln der Wer'a el-Udul und darf nicht dafür getadelt werden.

• Die *Wer'a el-Mutteqin*
„Wer'a el-Mutteqin" bedeutet „die Scheu der Gottesfürchtigen". Auf diese Art der *Wer'a* weist folgende prophetische Überlieferung hin: *„Der Diener erreicht solange nicht die Rangstufe der Mutteqin, bis er nicht jene Dinge unterlässt, die „La Be'se fihi" sind, aus Furcht vor jener „Be'se" (Schaden), die in ihnen verborgen liegt!"*[20]

Wie zuvor schon angeführt, beschreibt man mit dem Ausdruck „La Be'se fihi" jene Dinge, die *Mekruh Tenzihen* sind und gegen die im Prinzip islamrechtlich nicht viel einzuwenden ist. Trotzdem verzichteten die Prophetengefährten (r.a.) aus dieser *Wer'a* heraus nicht nur auf jene Dinge, die *Mekruh Tenzihen* sind, sondern darüber hinaus auch auf viele Dinge, die eindeutig *Halal* sind, weil sie der Meinung waren, dass auch manche Dinge, die *Halal* sind, in die Nähe des *Haram* führen können. Umer Bin el-Khattab (r.a.) sagte dazu: *„Wir unterließen neun Zehntel des Halal, aus Furcht davor, dass diese zum Haram führen könnten!"*[21]

---

20   Tirmidhi: Sunen, Nr. 2451.
21   Abdurrazzaq: El-Musanef, 152/8.

Ein Beispiel hierfür liefert uns Umer el-Khattab (r.a.) gleich selbst: In seiner Zeit als Kalif brachte man *Misk*[22] aus Bahrein zu ihm. Da sagte er: *„Ich hätte es gerne, dass eine Frau das Misk abwiegt, auf dass es unter den Muslimen verteilt werden kann!"* Als seine Frau Atikeh (r.a.) dies hörte, sagte sie zu ihm: *„Ich werde eine Waage besorgen!"* Doch Umer (r.a.) schwieg dazu und sagte nichts. Als er anschließend seinen Ausspruch wiederholte und ihm seine Frau wieder auf dieselbe Weise antwortete, sagte er: *„Nein! Du willst doch nur, dass etwas davon an deine Hände kommt und du dann sagen kannst: „O, da sind Spuren des Misk an meine Hände gelangt!" und danach streichst du dir damit über deinen Nacken und verschaffst dir damit einen Vorteil vor den anderen Muslimen!"*[23]

Und als man eines Tages vor dem Kalifen Umer Bin Abdilaziz (rah.) *Misk* abwog, das an die Muslime verteilt werden sollte, hielt sich dieser die Nase zu, um sich vor dem Geruch zu schützen und sprach: *„Wenn sein Nutzen nicht einzig darin bestünde, gut zu riechen, würde ich mich nicht von seinem Geruch fernhalten!"*[24]

Und es wird überliefert, dass ein Mann bei einem Sterbenden wachte und als dieser dann schließlich während der Nacht verstarb, sprach der Mann zu den anderen Anwesenden: *„Löscht die Öllampe, denn seine Erben haben ein Anrecht auf das Öl, das sich darin befindet!"*[25]

So entspricht es also den Regeln der *Wer'a el-Mutteqin*, mit dem Besitz anderer Menschen noch sorgfältiger umzugehen, als mit seinem eigenen Besitz, aus Furcht davor, ihre Rechte zu verletzen. Hierzu gehört es auch, dass man verantwortungsvoll mit dem Eigentum seines Arbeitgebers umgeht und beispielsweise nicht dessen Papier verschwendet.

---

22 Mit „Misk" bezeichnen die Araber meist den Moschus, oft aber auch alle möglichen anderen Arten von Duftstoffen, egal ob diese feststofflich oder flüssig sind.
23 Ahmed: Ez-Zuhd, Nr. 623.
24 Ebu Nu'aym: El-Hilyeh, 326/5.
25 Ebu Talib el-Mekki: El-Qut, 2/281.

Von solcherart Feingefühl lassen sich die Leute der *Taqwa* in ihrem Leben leiten. Sie gehen sowohl mit dem Besitz der anderen, als auch mit ihrem eigenen Besitz äußerst verantwortungsvoll um. Und da sie wissen, dass ihr wichtigstes Kapital ihre Lebenszeit ist, achten sie darauf, diese optimal zu nutzen und keinen ihrer Atemzüge zu verschwenden. Auf diese Weise halten sie sich nicht nur von zweifelhaften Dingen fern, sondern von vielen Dingen, die islamrechtlich eigentlich erlaubt sind. So scheuen beispielsweise viele von den Gottesfürchtigen davor zurück, sich satt zu essen, weil sie dadurch mehr gegessen hätten, als jene Menge, derer sie bedurft hätten. Andere sprechen nur das Allernötigste, aus Furcht davor, ihre Zeit mit nutzlosen Gesprächen zu verschwenden oder ihre Mitmenschen mit ihrer spitzen Zunge zu verletzen. Wieder andere verzichten auf allen Schmuck dieser Welt, weil sie fürchten, es sonst in dieser Welt zu bequem zu haben oder bei anderen Leuten wegen der Zurschaustellung ihres Reichtums Begehrlichkeiten und Neid auszulösen. So verabscheuten die Prophetengefährten beispielsweise Kleidung aus feinem Baumwollstoff und kleideten sich stattdessen lieber in grobe Wolle und sprachen: *„Wer behagliche Kleidung trägt, wird behaglich (also nachlässig) in seiner Religion!"*[26]

All diese Dinge sind erlaubt und trotzdem verzichten die Leute der *Wer'a el-Mutteqin* auf sie, aus Angst davor, einen spirituellen Schaden davon zu nehmen, in ihren religiösen Bemühungen nachzulassen und es sich in dieser Welt zu komfortabel einzurichten. Dabei verbieten sie sich solche Dinge, ohne sie für *Haram* zu erklären.

• Die *Wer'a es-Siddiqin*

„Wer'a es-Sidiqqin" bedeutet „die Scheu der Erzgerechten!" Die *Siddiqin* halten sich nicht nur von allen verbotenen und zweifelhaften Dingen und allen erlaubten Dingen fern, die sie irgendwie in die Nähe eines *Haram* führen könnten, sondern auch von vielen erlaubten Dingen, von denen nicht befürchtet werden muss, dass sie in die Nähe irgendeines *Haram* führen könnten.

---

26   Ebd., 1/256.

Ihr Ziel in all ihrem Handeln ist die Erlangung der Nähe und des Wohlgefallens des Erhabenen Allah und deshalb unterlassen sie alle Dinge, die sie irgendwie von diesem Ziel ablenken und vom Erhabenen Allah fernhalten könnten. Auf diese Art des Handelns weist folgender Quranvers hin:

> *„Sprich: Allah!" Und lass sie sich dann weiter an ihrem eitlen Geschwätz (über jene Dinge) vergnügen, (die sie nichts angehen)!"*[27]

Die Leute, die diese höchste Stufe der *Wer'a* erreicht haben, sind die wahrhaften Einheitsbekenner (Muwahhidin), die aus ihren Herzen alle Arten des verborgenen *Schirk* verbannt haben und deren Handeln einzig auf das Wohlgefallen des Erhabenen Allah ausgerichtet ist. Und es besteht kein Zweifel daran, dass die *Siddiqin* bei der Verfolgung dieses Ziels nicht nur auf alle verbotenen und zweifelhaften Dinge verzichten, sondern überhaupt auf alle Dinge, die sie irgendwie von der Anbetung des Erhabenen Allah und der Hinwendung zu Diesem abwenden. Oder kurz gesagt betrachten die *Siddiqin* alle Dinge für sich als verboten, die nicht dem Ziel der Erlangung des Wohlgefallens des Erhabenen Allah dienen. Dies, ohne diese Dinge für sich und andere zum *Haram* zu erklären.

Menschen auf dieser hohen Stufe gibt der Erhabene Allah ein besonderes Gefühl dafür, welche Gefahren auch in den erlaubten Dingen für sie schlummern und welche Formen des *Haram* sich in diese eingeschlichen haben könnten. Ein Beispiel hierfür ist die folgende Geschichte aus dem Leben des großen *Welis* (Gotteskenners) und *Muwahhid* Muhammed Bin Eslem et-Tusiyy (rah.):

Direkt vor dem Haus Muhammed Bin Eslems (rah.) lief ein kleines Bächlein mit wunderbar frischem Wasser vorbei, das direkt in das angrenzende Dorf lief. Doch anstatt sein Trinkwasser aus dem Bächlein zu entnehmen, trank Muhammed (rah.) immer nur das muffige Wasser aus seinem Hausbrunnen und begründete dieses

---

27   6. Sura: El-En'am, Vers 91.

Tun folgendermaßen: *„Das Wasser dieses Baches gehört den Leuten des Dorfes und deshalb darf ich nicht davon trinken!"*

Mit der Zeit wurde aber sein Wunsch nach einem Schluck des erfrischenden Bachwassers immer stärker und so füllte er eines Tages einen Krug mit dem Wasser aus seinem Brunnen, schüttete es in den Bach und füllte sich als Gegenleistung dafür den Krug mit dem Wasser des Bächleins. Auf dieses Weise vermied er es, das Recht der Leute des Dorfes zu verletzen.[28]

Und es wird überliefert, dass Salih, der Sohn Ahmed Bin Hanbels (rah.), eines Tages Sauerteig in dessen Haus schickte. Und so verkneteten sie diesen Sauerteig mit dem Mehl aus dem Hause Ahmeds (rah.), machten Brotteig daraus, verarbeiteten diesen zu Broten und legten anschließend das frische duftende Brot vor Ahmed (rah.) nieder und sprachen: *„Der Mutterteig hierfür stammt aus dem Hause deines Sohnes Salih!"*

Da blickte Ahmed (rah.) eine Weile nachdenklich auf das Brot und sprach anschließend: *„Er war ein Jahr lang Richter in Isfahan! Und der Teig stammt aus seinem Haus. Und deshalb ist das Brot für uns nicht geeignet!"*

Und als ihn da seine Bediensteten fragten: *„Und was sollen wir jetzt mit dem ganzen Brot machen?"*, antwortete er ihnen: *„Behaltet es bei euch und wenn ein Armer kommt, dann sprecht: „Das Mehl ist aus dem Hause Ahmeds (rah.), der Sauerteig aber aus dem Hause Salihs!" Wer etwas davon haben will, soll es sich nehmen und wer es nicht haben will, soll es lassen!"*

40 Tage vergingen, ohne dass auch nur ein einziger Armer an die Tür Ahmeds (rah.) gekommen wäre – und dies war zu jener Zeit mehr als ungewöhnlich. Schließlich fing das Brot zu schimmeln an und so warfen es die Bediensteten in die Fluten des Tigris. Und

---

28   El-Attar: Tedhkiratul Ewliya: 25: Muhammed Bin Eslem (rah.), S. 271.

man erzählt sich, dass nicht einmal die Fische des Tigris etwas von dem Brot fraßen...[29]

Da Salih kurz zuvor Richter in Isfahan gewesen war, wollte Ahmed Bin Hanbel (rah.) nichts von jenem Brot essen, das aus dem Sauerteig seines Sohnes hergestellt war, weil er befürchtete, davon spirituellen Schaden zu nehmen. Ein möglicher Grund hierfür ist, dass auch der gewissenhafteste Richter manchmal ein falsches Urteil fällt und dies sich dann wiederum negativ auf sein Einkommen auswirkt. Außerdem scheuten viele der damaligen Gelehrten davor zurück, den bezahlten Posten eines Richters anzunehmen, weil sie es einerseits nicht als gut ansahen, Geld für die Erstellung von Rechtsurteilen zu nehmen und andererseits befürchteten, durch das Aussprechen falscher Urteile die Rechte der Bürger zu verletzen. Und nicht zuletzt setzt sich das Gehalt eines Staatsangestellten aus den Steuergeldern der Gesamtheit der Bürger eines Staates zusammen und auch der beste Staat macht gelegentlich Fehler bei der Berechnung der Steuerlast seiner Bürger und zieht manchmal zu viel Geld von diesen ein und verletzt auf diese Weise ihre Rechte. Auch wenn das Gehalt eines Richters islamrechtlich eindeutig als *Halal* betrachtet wird, halten sich die Leute der *Wer'a el-Siddiqin* doch lieber aus *Taqwa* von der Annahme solcher Ämter fern, um dadurch eventuellen spirituellen Schaden zu vermeiden. So tiefsinnig denken die Siddiqin und solcherart ist ihre *Wer'a*.

An solchen Beispielen sehen wir, dass der Erhabene Allah jene Leute, die die Rangstufe der *Siddiqin* erreicht haben, mit einem speziellen Feingefühl ausstattet, mit dessen Hilfe sie erkennen können, welche Dinge ihrem inneren Gleichgewicht zuträglich sind und welche Dinge dieses stören. Dieser innere Sensor warnt sie nicht nur vor allen Arten des „versteckten Haram" in den Dingen, sondern auch vor jenen Dingen, die sich auf der spirituellen Ebene negativ auf ihr Inneres auswirken könnten.

---

29   Ebd.: 20: Ahmed Bin Hanbel (rah.), S. 245.

Hierzu wird folgende Geschichte aus dem Leben Ahmed Bin Han-bels (rah.) überliefert: Eines Tages kam eine alte schwache Frau zu Imam Ahmed (rah.) und sprach: *„Ich spinne meine Wolle immer auf dem Dach meines Hauses. Und am Abend strahlt das Licht der Fackeln des Kalifen bis auf meine Dachterrasse herüber und dies er-möglicht es mir, auch in der Nacht meine Wolle zu spinnen. Ist mir dies erlaubt oder nicht?"*

Ahmed (rah.) erwiderte ihr: *„Bist du wirklich nur eine ganz ge-wöhnliche alte schwache Frau? Sag mir erst, wer du wirklich bist, bevor du von mir eine Antwort auf diese seltsame Frage erwartest!"*

Sie antwortete ihm: *„Ich bin die Schwester von Bischr el-Hafi (rah.)!"*[30]

Da fing Ahmed (rah.) im Gedenken an den verstorbenen Bischr (rah.) zu weinen an und sprach: *„Ja! So eine hohe Form der Taqwa kann ja auch nur aus dem Hause Bischr el-Hafis (rah.) stammen!"*

Anschließend sagte er: *„Dir ist es nicht erlaubt, im Lichtschein der Fackeln des Kalifen deine Wolle zu spinnen, weil dies deinen spiri-tuellen Zustand in Unordnung bringen würde, denn dein Bruder Bischr (rah.) hatte eine so hohe Form der Taqwa entwickelt, dass es ihm nicht erlaubt war, seine Hand nach irgendwelchen zweifelhaf-ten Lebensmitteln auszustrecken und er pflegte zu sagen: „Ich habe einen Sultan, den man Herz nennt! Solange dieses die Taqwa be-gehrt, kann ich ihm nicht zuwiderhandeln!""*[31]

Und da Ahmed Bin Hanbel (rah.) wusste, dass Bischrs Schwester (rah.) eine ähnlich hohe Stufe der *Taqwa* wie ihr Bruder erlangt hatte und eine der *Siddiqin* war, setzte er bei der Beurteilung ihres Falls den Maßstab der *Wer'a der Siddiqin* an und verbot ihr vom Licht des Kalifen zu profitieren, weil er wusste, dass dies ihrem

---

30 Bischr el-Hafi (rah.) war der spirituelle Lehrer Ahmed Bin Hanbels (rah.) und bekannt für seine besondere *Taqwa*. Seine Schwester (rah.) lebte jahrelang in seinem Haus und tat es ihm in der *Taqwa* gleich.

31 El-Attar: Ebd.: 12: Bischr el-Hafi (rah.), S. 148.

spirituellen Zustand nicht zuträglich war und die extreme Reinheit ihres Herzens beflecken könnte.

Und dass auch Dinge die spirituelle Innenwelt eines Menschen ins Ungleichgewicht bringen können, die nicht einmal mehr den geringsten Bezug zu den islamrechtlichen Halal-Haram-Regeln aufzuweisen haben, berichtet uns folgende Geschichte aus dem Leben Schah en-Naqschebends (rah.): Als man ihm eines Tages Brot servierte, lehnte er es ab, von diesem zu essen und begründete dies folgendermaßen: *„Es besteht kein Zweifel daran, dass das Brot Halal ist, aber da es im Zustand des Zorns gebacken wurde, ist es meinem spirituellen Zustand nicht zuträglich!"*

Und wenn ein Brot im Zustand des Zorns gebacken wurde, färbt dieser Zustand genauso auf den Esser ab, wie wenn es mit Wollust, Neid, Geschwätzigkeit oder anderen negativen Eigenschaften gebacken wurde. Und die Vermeidung solcher negativer Einflüsse auf das spirituelle Innenleben des Menschen gehört zur *Wer'a der Siddiqin*, weil diese auf dem Wege des Erhabenen Allah so feinsinnig geworden sind, dass ihr innerer Seismograph schon bei der kleinsten Störung ausschlägt und es nicht zulässt, dass ihre extreme innere Reinheit und ihr spezieller spiritueller Zustand von solchen negativen Schwingungen beeinträchtigt wird.

Einordnung der vier Arten der *Taqwa* in den islamrechtlichen Kontext

Zusammenfassend können wir sagen, dass die genannten vier Arten der *Wer'a* aus islamrechtlicher Sicht ganz unterschiedlich zu bewerten sind:

Die erste Art der *Wer'a* – also die *Wer'a der Udul* – ist die rechtsverbindliche *Wer'a*, also eine Sache, an die sich alle Muslime verbindlich zu halten haben, denn jeder Muslim ist dazu verpflichtet, sich von allen Dingen fernzuhalten, die *Haram* oder *Tahrimen Mekruh* sind.

Die zweite Art der *Wer'a* – also die *Wer'a der Salihin* – ist hingegen nicht rechtsverbindlich, weil jene Dinge, die *Mekruh Tenzihen* sind, dem *Halal* viel näher sind, als dem *Haram*. Deshalb ist im Prinzip nichts dagegen einzuwenden („la Be'se fihi"), wenn man dies tut, es widerspricht aber den Regeln der *Taqwa*.

Die dritte Art der *Wer'a* – also die *Wer'a der Mutteqin* – geht weit über die rechtsverbindliche *Wer'a der Unbescholtenen* und die nicht rechtsverbindliche Form der *Wer'a der Frommen* hinaus und ist jene Form des vorsichtigen Handelns, die den Leuten der *Taqwa* eigen ist. Ihre Furcht vor dem Erhabenen Allah ist so groß, dass sie sich auch Dinge untersagen, die von den Rechtsgelehrten als *Halal* eingestuft werden, aus Furcht davor, dass sie diese dem *Haram* zu nahe bringen könnten.

Die vierte Art der *Wer'a* – also die *Wer'a der Siddiqin* – ist die *Taqwa* der „Khawasul Khawas", also jener Leute, die auf dem göttlichen Pfad besonders weit vorangeschritten sind. Sie haben die Anhaftungen der irdischen Dinge aus ihren Herzen entfernt und halten sich deshalb von allen Dingen fern, die ihr Herz in Unruhe versetzen und ihr inneres Gleichgewicht stören und sie so in ihrer vollkommenen Hinwendung zum Erhabenen Allah beeinträchtigen könnten.

Wer sich nun daran macht, den Weg der *Taqwa* der *Mutteqin* und *Siddiqin* zu beschreiten, sollte dabei nicht vergessen, dass das Beschreiten dieses Wegs eine freiwillige Angelegenheit ist und den Menschen nicht vom Erhabenen Allah vorgeschrieben wurde. Dies bedeutet, dass man nicht versuchen sollte, seinen speziellen Lebensstil den anderen Gläubigen aufdrängen zu wollen und darauf verzichten sollte, sie für Dinge tadeln zu wollen, die nicht den rechtsverbindlichen Formen der *Wer'a* widersprechen und also absolut mit jenen Regeln konform gehen, die uns der Erhabene Allah vorgeschrieben hat. Und es gehört sich einfach nicht, Muslime für Dinge zu tadeln, zu denen sie nicht verpflichtet sind und die nicht den Regeln des Islam widersprechen.

Außerdem unterliegt die Entwicklung der *Wer'a der Mutteqin* und *Siddiqin* einem Prozess, der sich normalerweise über viele Jahre hinweg erstreckt. Solch eine hohe Form der Gottesfurcht bekommt man nicht über Nacht und man muss erst einmal die unteren Stufen der *Wer'a* – also der *Wer'a der Udul* und *Salihin* – durchlaufen, bis einem der Erhabene Allah die dafür notwendige Kraft gibt, diese Form der *Taqwa* tragen zu können.

Deshalb sollten Menschen, die es geschafft haben, eine so hohe Stufe der *Taqwa* zu erlangen, nicht darauf beharren, ihre hohen Ansprüche auf die anderen zu übertragen und diesen etwas aufzubürden versuchen, zu dem diese keine Kraft haben und das sie nicht tragen können. Wenn die Leute der *Wer'a der Mutteqin* und *Siddiqin* auf ihr früheres Leben zurückblicken, blicken sie auf einen langen und schwierigen Weg zurück und erkennen, dass sie noch vor ein paar wenigen Jahren selbst nie gedacht hätten, jemals eine so starke *Taqwa* zu erlangen.

Überhaupt beginnt der Weg der *Taqwa* erst, nachdem man sich von allen Haram- und Mekruh Tahrimen-Dingen fernhält und sich also an die Regeln des Erhabenen Allah hält. Erst dann macht es Sinn, sich mit jenen Dingen zu beschäftigen, zu denen man nicht verpflichtet ist, die aber die *Taqwa* steigern und die spirituelle Weiterentwicklung unterstützen.

Denn kein Muslim ist dazu verpflichtet, Dingen nachzuforschen, die nicht offensichtlich sind. Wenn beispielsweise eine Sache nicht auf der Zutatenliste eines Produkts steht, ist man nicht dazu verpflichtet, die Firma anzuschreiben und von dieser eine detaillierte Produktbeschreibung mit allen Produktionsschritten und den dabei verwendeten Zusatzstoffen einzufordern. Wer sich jene Zutatenliste aufmerksam durchliest, die einem Produkt aufgedruckt ist, und dabei nichts entdeckt, das *Haram* oder *Tahrimen Mekruh* ist, hat seine Pflicht erfüllt und kann das Produkt ungeniert genießen.

Und wer meint, nachforschen zu müssen und dabei auf Dinge stößt, die seiner Meinung nach nicht *Halal* sind, ist noch lange nicht dazu verpflichtet, jenen Gläubigen, die nicht weiter nachforschen, *Fetwas* zu erteilen und ihnen alle möglichen Dinge zu verbieten, die nach den offensichtlichen Standards der *Wer'a el-Udul* sind.

Ein Beispiel hierzu: Als der zweite Kalif Umer Bin el-Khattab (r.a.) eines Tages mit einer Schar seiner Gefährten zu einem Becken kam, das den Regeln eines „kleinen stehenden Gewässers" unterlag, für das besondere Vorschriften für die Gültigkeit der rituellen Reinigung gelten, ging sein Gefährte Ibn As (r.a.) zum Besitzer des Gewässers und fragte diesen: *„O Besitzer des Beckens! Wird dein Teich von Raubtieren aufgesucht?"*[32]

Doch Umer (r.a.) mischte sich sogleich ein und sprach: *„O Besitzer des Beckens! Erteile ihm diesbezüglich keine Auskunft!"*[33]

Da sie selbst keine Raubtiere aus diesem Becken trinken sahen, konnten sie getrost davon ausgehen, dass das Wasser im Becken ihren Anforderungen genügte und die rituelle Reinigung damit gültig war. Erst wenn sie mit eigenen Augen gesehen hätten, dass ein Raubtier aus dem Becken getrunken hat, wäre das Wasser nicht mehr für die rituelle Reinigung geeignet gewesen. Und dasselbe wäre geschehen, wenn sie der Besitzer des Beckens darüber informiert hätte, dass er ein Raubtier daraus trinken gesehen hat. Da sie es aber nicht wussten und nicht zum Nachforschen verpflichtet sind, vollzogen sie die rituelle Reinigung mit dem Wasser aus dem Becken und verrichteten anschließend ihr Gebet.

Diese Handlungsweise kann auf die allermeisten Bereiche des islamischen Rechts übertragen werden und in diesem Sinne fügt der Rechtsgelehrte Imam Tahtawi (rah.) dieser Geschichte noch hinzu: *„Und auf diese Weise hat sich auch jener Gast zu verhalten,*

---

32 Hätte ein Raubtier daraus getrunken, dürfte man das Wasser nicht mehr für die rituelle Reinigung verwenden.

33 Et-Tahtawi: Haschiyetu Tahtawiyyeh ala Meraqil Felah, 1/53.

der von einem Muslim eingeladen wird: Wenn ihm eine Speise vorgesetzt wird, gehört es sich nicht, dass man fragt: „Wo stammt dein Essen her?"[34]

Die Stufen des Iman

Die Menschen werden - nach dem Zustand ihres Iman (Glaubens) – in folgende Kategorien unterteilt:

• *Mu'min* (Gläubiger):

Der *Mu'min* ist jemand, der in seinem Herzen an den Erhabenen Allah, Seinen Propheten Muhammed (s.a.w.s.) und an alles, was dieser verkündet hat, glaubt. Damit auch die anderen Menschen mitbekommen, dass man ein *Mu'min* ist, sollte man das Glaubensbekenntnis vor anderen Gläubigen offen kundtun.

• *Fasiq* (Sünder):

Der *Fasiq* ist jemand, der den Islam angenommen hat, aber große Sünden begeht oder auf dem Begehen kleiner Sünden beharrt.

• *Kafir* (Leugner):

Mit *Kufr* wird das Verleugnen des Erhabenen Allah oder der islamischen Glaubensgrundsätze bezeichnet. Darunter fällt genauso das Abstreiten der Gesamtheit wie eines einzelnen der göttlichen Gebote, die im Edlen Quran durch unmissverständliche Verse oder vom Gesandten Allahs (s.a.w.s.) durch unbestreitbare Überlieferung verkündet wurden. Dazu zählt auch das Anfechten oder Geringschätzen eines einzigen Quranverses, eines einzigen göttlichen Gebotes oder einer einzigen gesicherten religiösen Vorschrift. All dies macht einen Menschen zum *Kafir* („Leugner"). Verstirbt ein Mensch als *Kafir*, dann muss er für immer und ewig sein Dasein in der Hölle fristen.

---

34   Ebd., 1/53.

- **Munafiq (Heuchler):**

Der *Munafiq* ist jemand, der vorgibt, ein Gläubiger zu sein, mit seinem Herzen aber nicht an den Erhabenen Allah oder die Gesandtschaft Muhammeds (s.a.w.s.) glaubt. Jeder *Munafiq* ist gleichzeitig auch ein *Kafir*.

- **Muschrik (Polytheist):**

Der *Muschrik* ist jemand, der Götzenbilder oder andere Geschöpfe anbetet, ihnen göttliche Attribute zuschreibt und sie als Gottheiten verehrt. Damit gesellt er sie dem Erhabenen Allah bei und glaubt daran, dass sie am Wesen des Erhabenen Allah und Seinen besonderen Eigenschaften teilhaben.

Die Handlungen des *Mukellef*[35]

1. *Fard* (absolute Pflicht):

Dies sind absolute Verpflichtungen, die eindeutig aus dem Edlen Quran oder den authentischen Überlieferungen des Propheten Muhammed (s.a.w.s.) hervorgehen.

Das Bestreiten, dass ein *Fard* verpflichtend ist, ist *Kufr* (Unglaube) und führt zum Austritt aus dem Glauben.

Die absoluten Pflichthandlungen werden in zwei Kategorien unterteilt:

a) *Fardul Ayn* (individuelle Pflicht):

Dies sind Handlungen, die für jeden einzelnen Muslim absolut verpflichtend sind.

Hierzu zählt beispielsweise die Verrichtung des fünfmal täglichen *Salah/Namaz* (Gebets) oder das *Sawm/Orudsch* (Fasten) im Monat Ramadan.

---

35 Ein „Mukellef" ist eine Person, die aufgrund ihres Alters und ihres geistigen Zustandes dazu verpflichtet ist, jene religiösen Pflichten auszuführen, die uns der Erhabene Allah aufgetragen hat. Den Begriff kann man als „Beauftragter" übersetzen.

b) *Fardul Kifayeh* (kollektive Pflicht):

Dies sind Handlungen, deren Ausführung für den Einzelnen nur begrenzt bindend, für die Gemeinschaft als Ganzes aber absolut verpflichtend ist. Wenn ein Teil der Gemeinschaft diese Handlungen ausführt, fällt die Verpflichtung dazu für den Rest der Gemeinschaft weg.

Beispiele hierfür sind die Verrichtung des *Salatul Dschenazeh* (Totengebet) oder die Verkündung des Islam.

2. *Wadschib* (Verpflichtung):

Dies sind Verpflichtungen, die zwar eindeutig belegt sind, deren Belegkraft aber nicht die Stufe des *Fard*

erreicht. Ihre Durchführung bringt göttlichen Lohn mit sich, ihr Unterlass zieht göttliche Strafe nach sich.

Das Bestreiten, dass ein *Wadschib* verpflichtend ist, ist große Sünde, führt aber – im Gegensatz zum Bestreiten eines *Fard* – nicht zum Austritt aus dem Glauben.

Beispiele für Wadschib-Handlungen sind die Verpflichtung zur Teilnahme am Festtagsgebet und die Verrichtung des Witr-Gebets.

3. *Sunneh* (prophetische Tradition):

Dies sind Gebräuche des Propheten (s.a.w.s.), die auf seinen Aussagen, Handlungen oder seiner stillschweigenden Duldung basieren und deren Befolgung nicht als Fard oder Wadschib eingestuft wird. Die Gebräuche der vier Rechtgeleiteten Kalifen zählen ebenfalls zur Sunneh.

Die Sunneh wird nochmals unterteilt in:

a) *Sunnetul Mu'ekkedeh* (starke prophetische Tradition):

Dies sind Handlungen, die der Prophet Muhammed (s.a.w.s.) selbst nur sehr selten unterlassen und anderen wärmstens empfohlen hat, ohne sie aber zur Pflicht zu erheben.

Hierzu zählen beispielsweise der *Edhan* (Gebetsruf), die *Iqameh* (Aufforderung zum Gebet), die Teilnahme am Gemeinschaftsgebet und die Sunneh-Gebete des Morgen-, Mittags- und Abendgebets.

Die Ausführung von Sunnetul Mu'ekkedeh-Handlungen vervollkommnet die Religion und bringt göttlichen Lohn mit sich, ihr unentschuldigtes Unterlassen bringt einen hingegen vom rechten Weg ab. Außerdem zieht das beharrliche Unterlassen solcher Handlungen göttliche Strafe nach sich.

b) *Sunnetu ghayrul Mu'ekkedeh* (nicht so starke prophetische Tradition):

Diese Art von empfohlenen Handlungen führte unser Prophet Muhammed (s.a.w.s.) manchmal aus und manchmal ließ er sie weg.

Hierzu zählen beispielsweise das Sunneh-Gebet vor dem Nachmittags- und dem Nachtgebet. Auch die individuellen Handlungen des Propheten Muhammed (s.a.w.s.), wie seine Art sich zu kleiden, zu Essen usw. gehören zur Sunnetu ghayrul Mu'ekkedeh-Handlungen und werden auch „Sunen ez-Zewa'id" genannt.

4. *Mustehabb* (lobenswerte Handlung):

Die Mustehabb-Handlungen werden auch als Mendub, Fadileh, Nafileh oder Edeb bezeichnet. Dies sind Handlungen, deren Ausführung vom Erhabenen Allah belohnt, deren Unterlass aber von Ihm nicht bestraft wird.

Hierzu zählen beispielsweise alle freiwilligen Gebete, die nicht als Sunnetul Mu'ekkedeh eingestuft sind, sowie das freiwillige Fasten und das Geben von Almosen.

5. *Mubah* (erlaubte Handlung):

Dies sind Handlungen, deren Ausführung weder vom Erhabenen Allah belohnt, noch deren Unterlass von Ihm bestraft wird.

Hierzu zählen beispielsweise das Essen, das Trinken und das Schlafen.

6. *Haram* (verbotene Handlung):
Dies sind absolut verbotene Handlungen, deren Verbot eindeutig aus dem Edlen Quran oder den authentischen Überlieferungen des Propheten Muhammed (s.a.w.s.) hervorgeht.

Hierzu zählen beispielsweise das Trinken von Alkohol, der Verzehr von Schweinefleisch, Diebstahl oder Mord.

Das Begehen von Haram ist eine Sünde und zieht göttliche Bestrafung nach sich. Der Unterlass von Haram-Handlungen bringt hingegen göttlichen Lohn mit sich. Das Bestreiten, dass ein Haram verboten ist, ist Kufr und führt zum Austritt aus dem Islam.

7. *Mekruh* (verwerfliche Handlung):
Dies sind Taten, die entweder nahe am Verbot angesiedelt sind oder deren Unterlass besser ist, als deren Ausführung.

Die verwerflichen Handlungen werden in zwei Gruppen unterteilt:

a) *Mekruh Tahrimen* (sehr verwerfliche Handlung):
Diese Handlungen sind so verwerflich, dass sie an der Grenze zum Haram angesiedelt sind.

Hierzu zählen beispielsweise das Unterlassen von Wadschib-Handlungen oder das Verrichten des Nachmittagsgebets zur Zeit des Sonnenuntergangs.

Der Unterlass von Mekruh Tahrimen-Handlungen bringt göttlichen Lohn mit sich, ihre Ausführung zieht eine Bestrafung nach sich, deren Härte geringer ist jene für Haram-Handlungen.

b) *Mekruh* **Tenzihen (nichtempfohlene Handlung):**
Dies sind Handlungen, deren Ausführung zwar nicht empfohlen
wird, aber deren Verwerflichkeitsgrad so gering ist, dass sie an der
Grenze zum Erlaubten angesiedelt sind.

Hierzu zählt beispielsweise das Unterlassen einer Mustehabb-
Handlung.

8. *Mufsid* **(zunichtemachende Handlung):**
Dies sind Handlungen, die dazu führen, dass eine Ibadeh ungültig
wird.

Hierzu zählen beispielsweis das Reden während der Verrichtung
des Gebets oder das absichtliche Essen während des Fastens.

DIE SCHLACHTUNG UND DER VERZEHR VON TIEREN

Landtiere, deren Fleisch verzehrt werden darf

Die Landtiere, deren Fleisch verzehrt werden darf, werden in vier Gruppen unterteilt:

- Nutztiere, wie Rind, Büffel, Schaf, Ziege, Kamel, Wildesel[36], Huhn, Gans, Ente und Pute.
- Wildtiere, wie Reh, Hirsch, Wildrind, Gazelle, Bergziege, Hase, Zebra und Giraffe.[37]
- Vögel, die sich nicht hauptsächlich von Aas ernähren oder ihre Beute nicht mit ihren Krallen erlegen oder Vögel, deren Natur frei von Grausamkeit ist. wie Spatz, Taube, Wachtel, Star, Schwalbe, Pfau[38], Rebhuhn, Rabe und Krähe.[39]
- Heuschrecken. Durch die *Sunneh* ist es eindeutig belegt, dass der Verzehr von Heuschrecken erlaubt ist.[40]

Landtiere, deren Fleisch nicht verzehrt werden darf

Die Landtiere, deren Fleisch nicht verzehrt werden darf, werden ebenfalls in vier Gruppen unterteilt:

- Schweine, Kadaver[41] und Tiere, die nicht im Namen Allahs, sondern im Namen anderer „Gottheiten" geschlachtet wur-

---

36 Der Verzehr von Wildeseln ist erlaubt, der Verzehr von Hauseseln nicht (Vgl. Reddul Muhtar, 9/508).

37 Nach der vorgezogenen Meinung der schafiʿitischen Rechtsschule ist das Fleisch von Giraffen *haram*.

38 Nach Ansicht der schafiʿitischen Gelehrten ist das Fleisch von Schwalbe und Pfau *haram* (Vgl. Reddul Muhtar, 9/511).

39 Raben und Krähen die sich nicht hauptsächlich von Aas ernähren, sondern überwiegend von Pflanzen, wie beispielsweise die Saatkrähe.

40 Selbst wenn die Heuschrecke schon tot aufgefunden wird, darf sie verspeist werden (Vgl. Reddul Muhtar, 9/512).

41 Mit Kadaver sind hier Tiere gemeint, die entweder von selbst verstorben sind oder nicht nach den islamischen Regeln geschlachtet wurden.

den. Dies wurde von Allah dem Erhabenen im Edlen **Quran** eindeutig verboten[42].

- Tiere, die ihre Beute mit ihren Reißzähnen erlegen, wie Wolf, Bär, Löwe, Tiger, Leopard, Zobel, Marder, Affe, Fuchs, Hyäne, Katze, Hund oder Wiesel.[43]
- Vögel, die sich hauptsächlich von Aas ernähren oder ihre Beute mit ihren Krallen erlegen wie Geier, Bussard, Adler, Gabelweihe, Habicht und Schmutzgeier oder Kolkrabe, Krähe, Dohle, Elster und Rabe[44] oder Vögel, die hauptsächlich Fleisch fressen, wie Möwe und Reiher[45] oder Vögel, die über ein grausames Naturell verfügen, wie der Neuntöter[46]. Das Fleisch von Vögeln, die Krallen besitzen, aber ihre Beute nicht mit diesen erlegen, ist zum Verzehr geeignet. Ein Beispiel hierfür ist die Taube.
- Tiere, die von Natur aus Ekel hervorrufen[47], wie Maus, Schlange, Schildkröte, alle Arten von Echsen, Maulwurf, Igel[48], Fledermaus und alle Arten von Insekten, wie Skorpion, Zecke, Biene, Fliege, Floh und Laus[49].

---

42 Vgl. El-Baqarah 173.
43 In der schafi'itischen Rechtsschule ist der Verzehr von Fuchsfleisch erlaubt.
44 Hierbei sind Rabenvögel gemeint, die sich überwiegend von Aas oder Beutetieren ernähren und sich also wieder grausam verhalten.
45 Möwen und Reiher besitzen zwar keine Krallen, aber ernähren sich vorwiegen von Fleisch und verhalten sich so wie Raubvögel. In der schafi'itischen Rechtsschule ist der Verzehr von Möwen und Reihern erlaubt.
46 Der Neuntöter ist äußerst grausam und spießt seine Beute bei lebendigem Leibe auf Dornen auf.
47 Maßstab hierfür ist das ästhetische Empfinden jener Leute, die zu Zeiten des Propheten (s.a.w.s.) in den Städten des Hidschaz wohnten, weil sie den betreffenden Quranvers, der die ekelerregenden Dinge verbietet, am besten einordnen konnten. Bei Tieren, die in dieser Region nicht vorkommen, verglichen die hanefitischen Gelehrten diese mit jenen des Hidschaz. Glich ihr Aussehen jenen Tieren, die dort als ekelerregend gelten, wurden sie ebenfalls als ekelerregend eingestuft. Vgl. Ibn Abidin 9/509.
48 In der schafi'itischen Rechtsschule ist der Verzehr von Igeln erlaubt.
49 Ausgenommen hiervon ist die Heuschrecke. Diese darf verzehrt werden.

Pferdefleisch

Pferdefleisch ist nach Imam Hanifeh (rah.) *mekruh tahrimen*, nach Imam Ebu Yusuf (rah.) und Imam Muhammed (rah.) *mekruh tenzihen*. Es heißt, dass Imam Hanifeh (rah.) drei Tage vor seinem Tode von seinem Urteil abgerückt ist und sich der Meinung seiner Schüler Ebu Yusuf (rah.) und Imam Muhammed (rah.) angeschlossen hat. Deshalb wird die Fetwa nach ihnen ausgesprochen.[50]

Leder und Fell von verendeten oder nicht nach islamischen Vorschriften geschlachteten Tieren

Da das Leder von verendeten oder nicht nach islamischen Vorschriften geschlachteten Tieren[51] unrein ist, darf dies erst verwendet werden, nachdem es gegerbt wurde.

Federn, Haare, Hufe, Hörner und Knochen[52] verendeter oder nicht nach islamischen Vorschriften geschlachteter Tiere dürfen jedoch verwendet werden, da sie als rein gelten, weil in ihnen kein Blut geflossen ist.[53]

Leder vom Schwein

Das Leder vom Schwein gilt als unrein.[54]

Meerestiere

Von allen Tierarten, die im Meer leben, ist nur der Verzehr von Fischen erlaubt. Davon ausgenommen sind Fische, die verendet sind und auf der Wasseroberfläche treiben. Diese dürfen nicht

---

50 Vgl. Reddul Muhtar, 9/508.
    Nach Ansicht der schafi'itischen Gelehrten ist der Verzehr von Pferdefleisch ebenfalls *mekruh tenzihen*.

51 Mit toten Tieren sind hier Tiere gemeint, die von selbst verendet sind oder nicht im Namen Allahs geschlachtet wurden, egal ob ihr Verzehr erlaubt ist oder nicht (Vgl. Tahtawi, 1/237).

52 Wichtig: Falls vorhanden, muss hierbei zuerst das Fettgewebe entfernt werden, bevor diese als rein gelten. (Vgl. Tahtawi, 1/238).

53 Durer, 1/24. Nach Ansicht der schafi'itischen Gelehrten gelten Federn, Knochen, Hörner etc. von toten Tieren als unrein und dürfen deshalb nicht verwendet werden.

54 Beim Schwein sind alle Teile *nedschisul ayn* (von sich aus unrein).

verzehrt werden. Fische, die zugrunde gingen, weil das Wasser zu warm oder zu kalt gewesen ist oder weil sie zwischen Eisschichten eingeklemmt wurden, dürfen verzehrt werden. Ebenso dürfen Fische verzehrt werden, die verendet sind, weil sie unter dem Eis eingeschlossen wurden, oder weil sich das Wasser, in dem sie lebten, zurückgezogen hat. In all diesen Fällen gelten die Fische als nicht von selbst verendet und dürfen daher gegessen werden. Fische brauchen nicht geschächtet zu werden, damit ihr Verzehr erlaubt ist, auch das Aussprechen des Namens Allahs ist beim Fang oder der Schlachtung von Fischen nicht erforderlich.[55]

Meerestiere, die nicht zu den Fischen zählen, wie z.B. Muscheln, Tintenfische oder Hummer, dürfen nicht verzehrt werden.[56]

Das Schächten von Tieren

Beim Schächten eines Kamels ist es *Sunneh*, dass das Messer an der untersten Stelle des Halses angesetzt wird, dort wo die Brust des Kamels beginnt.[57] Bei allen anderen Tieren wird die Kehle durchschnitten. Es ist außerdem *Sunneh*, dass man Kamele im Stehen, Schafe und Kühe hingegen im Liegen schlachtet.[58]

Die Bedingungen des Schächtens

Folgende Bedingungen müssen beim Schächten eingehalten werden:

---

55   Medschme'ul Enhur, 2/514.
56   Nach Ansicht der schafi'itischen Gelehrten dürfen Meerestiere, die außerhalb des Wassers nicht überlebensfähig sind, verzehrt werden. Meerestiere, die sowohl im Wasser, als auch außerhalb des Wassers überleben können, dürfen nicht gegessen werden. Daher ist es erlaubt, alle Fische – auch solche, die von selbst verendet sind – zu essen. Genauso dürfen Muscheln, Austern und Hummer gegessen werden. Der Verzehr von Schildkröten, Krebsen und Fröschen ist hingegen nicht erlaubt.
57   Dies ist bei allen Tieren der Fall, die einen langen Hals haben, wie beispielsweise dem Strauß und der Gans (Vgl. Reddul Muhtar, 9/505).
58   Vgl. Reddul Muhtar, 9/505. Es ist *mekruh tenzihen*, dies nicht zu tun (Vgl. ebd.).

Der Schlachter muss Muslim oder Schriftbesitzer sein.[59] Hierbei ist es erstens wichtig, dass der Schriftbesitzer seiner Religion folgt und die Glaubensgrundsätze seiner Religion kennt und an diese glaubt. Zweitens müssen wir wissen, dass dieser das Tier nach jenen Regeln schlachtet, die in der Bibel oder der Thora aufgeführt sind, denn diese Regeln unterscheiden sich prinzipiell nicht von jenen der Muslime und deshalb ist ein Tier, das nach diesen Regeln geschlachtet wurde, den Muslimen erlaubt. Dies sind im Prinzip zwei Regeln, die der Schriftbesitzer zu beachten hat: Erstens muss das Tier im Namen Gottes geschlachtet werden und zweitens muss die Kehle des Tiers durchtrennt werden, so wie dies später beschrieben wird.

Allgemein gilt, dass Alter und Geschlecht des Schlachters irrelevant sind. Er muss lediglich soweit bei Verstand sein, dass er begreift, was es bedeutet, ein Tier im Namen Allahs bzw. in jenem Namen, den die Schriftbesitzer Allah zuweisen, zu schlachten.

Beim Schlachten des Tieres muss die *Besmeleh*[60] *ausgesprochen werden. Wird die Besmeleh* absichtlich weggelassen, darf das Fleisch des Tieres nicht verzehrt werden. Wurde das Aussprechen der *Besmeleh* hingegen vergessen, so darf das Fleisch des geschlachteten Tieres verzehrt werden.[61] Werden zusätzlich zum Aussprechen der Besmeleh Aussprüche verwendet, die ein *Schirk* beinhalten, darf das Fleisch des Tieres nicht gegessen werden.

Die Kehle des Tiers muss beim Schächten durchtrennt werden. Die Kehle besteht aus vier Kanälen: Der Speiseröhre, der Luftröhre und den beiden Hauptschlagadern. Nach Imam Ebu Hanifeh (rah.) müssen drei dieser Kanäle durchtrennt werden. Nach Imam Ebu Yusuf (rah.) ist es ausreichend, wenn lediglich die Speiseröh-

---

59   „Schriftbesitzer" oder „Angehörige der Schrift" = Juden und Christen.
60   Dies ist die Kurzform von بِسْمِ اللهِ اللهُ اكبر . Zu Deutsch: „Mit dem Namen Allahs. Allah ist größer als alle Dinge!"
61   Nach Ansicht der schafiʿitischen Gelehrten ist das Aussprechen der Besmeleh eine Sunneh.

re, die Luftröhre und eine der Hauptschlagadern zum größten Teil durchtrennt werden, während nach Imam Muhammed (rah.) der größte Teil eines jeden der vier Kanäle durchtrennt werden muss.[62] Die Fetwa wird hierbei nach Imam Ebu Hanifeh (rah.) erteilt.

Kann ein Tier – wegen besonderer Umstände – nicht ordnungsgemäß geschlachtet werden, weil es beispielsweise in einen Brunnenschacht gefallenen ist und nicht mehr daraus befreit werden kann oder weil sich ein entlaufenes Tier nicht einfangen lässt, dann reicht es aus, dem Tier eine tödliche Schnittverletzung zuzufügen, bei der Blut fließt.

Anmerkungen zum Kauf von Fleisch in nichtislamischen Ländern:

1. Wenn das Tier nicht von einem Muslim geschlachtet wurde, müssen wir sicherstellen, dass ein bekennender Schriftbesitzer das Tier geschlachtet hat, der sich an die oben genannten Voraussetzungen des Schlachtens hält. Denn mittlerweile ist es so, dass es in den meisten nichtislamischen Ländern eine erhebliche Zahl an Atheisten gibt, die sich nicht an diese Voraussetzungen halten.

2. Da heutzutage in nichtislamischen Ländern das Fleisch zumeist aus großen Schlachthöfen stammt, in denen die Tiere am Fließband geschlachtet werden, ist es fraglich, wie sehr dort die islamischen Schlachtungsvorschriften eingehalten werden.

3. Da in den meisten Metzgereien oder Schlachthöfen in nichtislamischen Ländern auch andere Tiere geschlachtet werden, die nicht halal sind, ist zu befürchten, dass beim Schlachten und Zerlegen der Tiere verunreinigte Geräte benutzt werden.

---

62 Fethul Kadir, 8/407; Durer, 1/277. Nach Ansicht der schafi'itischen Gelehrten müssen mindestens die Speiseröhre und die Luftröhre durchtrennt werden. Das Durchtrennen der Hauptschlagadern ist *Sunneh*. Außerdem muss beim Schlachten mindestens der oberste Knorpel der Speiseröhre am Kopf verbleiben.

Tierföten: Ungeborenes Leben im Leib eines geschlachteten Muttertieres

Wenn ein Tierfötus noch nicht seine volle Gestalt ausgebildet hat, darf er nach Übereinstimmung der Gelehrten nicht verzehrt werden. Sollte er bereits seine volle Gestalt ausgebildet haben und steht außerdem fest, dass er bereits im Mutterleib verstorben ist, bevor das Muttertier geschlachtet wurde, darf der Fötus nicht verzehrt werden. Starb ein vollausgebildeter Fötus aber infolge der Schlachtung des Muttertieres, ist sein Verzehr nach Ansicht von Imam Ebu Yusuf (rah.) und Imam Muhammed (rah.) erlaubt, nach Imam Hanifeh (rah.) jedoch nicht.[63] Hierbei wird der Ansicht von Imam Ebu Hanifeh (rah.) der Vorrang gegeben.

Teile des geschlachteten Tiers, die nicht verzehrt werden dürfen

Folgende Teile eines geschlachteten Tieres dürfen nicht verzehrt werden[64]:

- Fließendes Blut
- Männliche Genitalien
- Weibliche Genitalien
- Hoden
- Harnblase
- Drüsen
- Gallenblase

Milchprodukte, bei deren Herstellung Lab verwendet wurden

Lab ist ein Enzym im Magen milchtrinkender Wiederkäuer wie Kälbern, Lämmern und Zicklein. Diese haben einen speziellen Magen, den man „Labmagen" nennt und in dem das Lab, ein Enzym, das für die bessere Verdauung der Milch zuständig ist, gebildet wird.

---

63   El-Ikhtiyar, 5/13. Laut schafi'itischer Rechtsschule darf ein solcher Fötus ebenfalls verzehrt werden.

64   El-Fiqhul Islami, 3/667. Der Verzehr von Blut ist *haram*, der Verzehr der übrigen angegebenen Organe ist *mekruh tahrimen*.

Wenn nun ein Tier von selbst verstorben oder nicht nach den islamischen Regeln geschlachtet wurde, sind alle Teile dieses Tieres, durch die zu seinen Lebzeiten Blut geflossen ist, unrein und also Haram.

Teile des Tieres aber, durch die zu dessen Lebzeiten kein Blut geflossen ist, wie beispielsweise seine Hörner, Zähne, Hufe oder sein Haar, gelten nicht als unrein und dürfen verwendet und weiterverarbeitet werden.[65]

Imam Hanifeh (rah.) erlaubt nun auf Basis dieser Grundlage auch den Genuss der Milch verstorbener Tiere und führt als Beweis hierfür zusätzlich dazu noch folgenden Quranvers an:

„Und wahrlich habt ihr in dem Vieh eine lehrreiche Ermahnung: Wir geben euch von dem, was sich zwischen seinem Mageninhalt und seinem Blut in ihren Leibern befindet, reine Milch zu trinken, die ihren Trinkern zuträglich ist!"[66]

Anschließend folgert er daraus, dass auch andere Bestandteile des von selbst verstorbenen oder nicht Halal geschlachteten Tieres rein sind, durch die zu dessen Lebzeiten kein Blut geflossen ist und dazu gehört neben der Milch eben auch das Lab.

Und so ist das Lab rein und darf genauso gegessen werden, wie alle Arten von Milchprodukten, bei deren Verarbeitung Lab eingesetzt wurde, um die Milch aufzuspalten und einzudicken, wie beispielsweise Joghurt, Frischkäse, Weichkäse, Hartkäse und alle Produkte, die Milchpulver oder andere Milchprodukte enthalten, bei deren Herstellung Lab verwendet wurde.[67]

---

65 Eine Ausnahme hiervon stellt lediglich das Schwein dar, da alle seine Teile als unrein gelten, egal ob durch sie Blut geflossen ist oder nicht.
66 16. Sura: en-Nahl, Vers 66.
67 Ala'uddin el-Kasani: Beda'i'u Sana'i, 1/63. Nach Imam Schafi (rah.) ist dies nicht erlaubt.

Die Jagd

Folgende Voraussetzungen müssen allesamt erfüllt sein, damit ein auf der Jagd erlegtes Tier von Muslimen verzehrt werden darf:

- Der Jäger muss Muslim oder Schriftbesitzer sein.
- Das Jagdwild muss wildlebend sein, darf also weder ein gezähmtes Tier noch ein Haustier sein.
- Es darf keine andere Möglichkeit geben, als das Tier durch Jagd zu erlegen[68]. Wurde ein Tier angeschossen, so muss man ihm sofort nacheilen. Dabei darf keine Verzögerung stattfinden. Findet man das Tier bei der Nachsuche lebend auf, so muss man es sofort und regelgerecht schlachten[69].
- Die Jagd muss mit Hieb-, Stich- oder Schusswaffen, wie Schwert, Speer, Pfeil und Bogen, Schrotflinte, Gewehr oder Pistole erfolgen[70]. Ebenfalls erlaubt ist es, wenn ein Wild von einem speziell zur Jagd ausgebildeten Tier wie Jagdhund, Jagdfalke, Habicht oder Adler, zur Strecke gebracht wird.
- Tiere, die mit Steinen oder Stöcken getötet wurden, dürfen nicht verzehrt werden.
- Der Jäger muss vor dem Abfeuern der Jagdwaffe oder dem Losschicken eines abgerichteten Tieres die *Besmeleh* aussprechen. Wurde die *Besmeleh* in der Aufregung vergessen, so darf das Tier aber dennoch verzehrt werden[71].

---

68 Man darf also ein Haustier nicht auf der Weide erschießen, sondern es muss nach den islamischen Regeln geschlachtet werden. Ist aber ein Haustier verwildert und lässt es sich nicht einfangen, so darf man es erschießen.

69 Hat man das Tier lebend aufgefunden und wartet dann solange ab, bis es an seinen Verletzungen von selbst verstirbt, so darf das Fleisch des Tieres nicht verzehrt werden, da man die Möglichkeit gehabt hätte, es zu schlachten, bevor es verstarb. Findet man das Tier aber erst, nachdem es an seinen Verletzungen verendet ist, darf das Fleisch des Tieres verzehrt werden.

70 Beim Töten des Tieres muss außerdem Blut geflossen sein. Wird ein Tier beispielsweise von einem Speer erschlagen, ohne dass dabei Blut geflossen ist, so darf das Fleisch des Tieres nicht verzehrt werden.

71 Wenn die *Besmeleh* aber absichtlich weggelassen wurde, gilt das Tier als Aas und darf also nicht verzehrt werden. Nach Ansicht der schafi'itischen Gelehrten ist das Aufsagen der *Besmeleh* eine *Sunneh*, das Fleisch des Tieres darf also auch verspeist werden, wenn die *Besmeleh* absichtlich weggelassen wurde.

Das Fleisch eines Tieres, das vom Jäger nicht verletzt, sondern ertränkt oder erwürgt wurde, darf nicht verzehrt werden.[72]

Das Brandmarken von Tieren

Grundsätzlich gilt: Alle Tiere müssen gut behandelt werden und dürfen nicht gequält werden. Tiere dürfen nur gebrandmarkt werden, wenn es keine andere Möglichkeit gibt, sie von den Tieren anderer Herden unterscheiden zu können.[73]

RAUSCHMITTEL

Alkoholische Getränke

Alkohol wird schon seit Menschengedenken getrunken. Auch unter den Arabern war der Konsum von Alkohol zur Zeit der Offenbarung des Edlen Quran weit verbreitet.

Alkohol wurde den Muslimen verboten, weil diese ihren Körper und ihren Geist gesund und sich von allen Übeln fernhalten sollen, damit sie ihren inneren Frieden finden können. Im Edlen Quran heißt es dazu:

„O ihr, die ihr glaubt! Berauschendes, Glücksspiel, Opfersteine und Lospfeile sind ein Gräuel, Satans Werk. Meidet sie, auf dass es euch wohlergehe. Der Satan will durch Berauschendes und Glücksspiel zwischen euch nur Feindschaft und Hass säen, um euch vom Gedenken an Allah und vom Gebet abzuhalten. Wollt ihr (deshalb) nicht davon ablassen?"[74]

Der Prophet (s.a.w.s.) bringt dieses Verbot durch folgenden Ausspruch auf den Punkt:

„Alle berauschenden Getränke sind haram".[75]

---

72   El-Ikhtiyar, 5/4.
73   Hindiyye, 5/356.
74   El-Ma'ideh, Vers 90f.
75   Muslim: Eschribeh, 2001.

Und in einer anderen Überlieferung heißt es:

„Alles Berauschende ist haram. Was in großen (Mengen) berauscht, ist auch in kleinen (Mengen) verboten."[76]

Dem Muslim ist nicht nur der Genuss alkoholischer Getränke verboten, sondern auch die Produktion von Alkohol und dessen Verkauf an Nichtmuslime. Deshalb darf ein Muslim weder in seinem eigenen Geschäft Alkohol verkaufen, noch darf er in einem Geschäft arbeiten, in dem Alkohol verkauft wird.

Der Prophet (s.a.w.s.) sagte dazu Folgendes:

„Verflucht wurde der Alkohol auf zehnfache Weise: Er selbst und der, der ihn produziert oder produzieren lässt, ihn verkauft oder kauft, ihn transportiert oder zu sich transportieren lässt, von seinem Erlös lebt, ihn trinkt oder ausschenkt."[77]

In einer von Umer (r.a.) überlieferten Hadith sagte der Prophet (s.a.w.s.):

„Wer an Allah und den Jüngsten Tag glaubt, der setze sich an keinen Tisch, an dem der Alkohol kreist."[78]

Vom Einkauf in Läden, in denen Alkohol verkauft wird

Darüber, ob der Einkauf in einem Laden, in dem Alkohol verkauft wird, erlaubt ist, entscheidet die Religion des Ladenbesitzers. Bei einem Nichtmuslim darf man jederzeit einkaufen, auch wenn er Alkohol verkauft, bei einem Muslim ist dies hingegen *mekruh tahrimen*. Sollte man aber keine andere Möglichkeit haben, z.B. da sich kein anderes Geschäft in der Nähe befindet oder man auf der Durchreise die Dinge des täglichen Bedarfs beschaffen muss, ist es erlaubt, auch bei einem Muslim einzukaufen, der Alkohol verkauft.

---

76   Ibn Madscheh: Eschribeh, 3392.
77   Ibn Madscheh: Eschribeh, 3380.
78   Tirmidhi: Edeb, 2801.

51

„Kölnisch Wasser", alkoholhaltige Duftstoffe und Kosmetika

Ob Parfüm oder „Kölnisch Wasser" (Eau de Cologne) islamrechtlich als rein oder unrein betrachtet werden, hängt davon ab, ob der Alkohol, der bei ihrer Herstellung verwendet wurde als rein oder unrein gilt. Nach Imam Hanifeh (rah.) und Imam Ebu Yusuf (rah.) ist Alkohol der aus Trauben gewonnen wird unrein, Alkohol aus anderen Grundstoffen hingegen rein. Nach Imam Muhammed (rah.) ist jede Art von Alkohol unrein.[79]

Wird der alkoholische Grundstoff für Eau de Cologne oder Kosmetika nicht aus Trauben gewonnen, so sind diese nach Imam Hanifeh (rah.) und Imam Ebu Yusuf (rah.) rein. Nach diesem Urteil wird heutzutage die *Fetwa* ausgesprochen. Zeitgenössische Gelehrte wie Zahid el-Kewtheri und Ahmed Zerqa el-Halebi vertreten ebenfalls die Meinung, dass alltäglich verwendete Artikel wie Shampoos, Zahnpasta, Farben und Ähnliches. als rein gelten solange sie keinen Alkohol beinhalten, der nicht aus Trauben gewonnen wurde.[80]

Der türkische Gelehrte Elmalılı Muhammed Hamdi Yazır[81] schrieb dazu Folgendes: *„Wurde die Kleidung einer Person verunreinigt, weil jemand Wein, Champagner, Traubenschnaps oder Cognac darüber geschüttet hat, so muss er diese auswaschen, bevor er mit ihr beten darf. Alkoholika, die nicht aus Trauben gewonnen wurden, wie Fruchtschnäpse oder Bier, dürfen zwar nicht getrunken werden, sind aber kein Hindernis für das Gebet, wenn die Kleidung des Betenden damit in Berührung kam."*[82]

---

79   Nach der schafi'itischen Rechtsschule sind ebenfalls alle Arten von Alkohol unrein.
80   Fethul Inayeh bi Allameti Abdilfettah Ebl Quddeh. Kitabu Tahareh S. 258
81   Muhammed Hamdi Yazır (1878 -1942) war ein bedeutender türkischer Gelehrter, der unter anderem einen wichtigen Qurankommentar in türkischer Sprache verfasste.
82   Hak Dini Kur'an Dili, 1/762-763.

Drogen

Drogen, wie Marihuana, Opium, Heroin, Kokain und synthetische Drogen, unterliegen im islamischen Recht dem gleichen Verbot wie berauschende Getränke. Begründung: der Schaden, der durch Drogenkonsum verursacht wird, ist nicht geringer als der Schaden, der durch Alkoholkonsum entsteht.

Der Drogenabhängige verliert das Verantwortungsgefühl gegenüber Familie, Verwandten und Nachbarn. Die Droge rückt in das Zentrum all seiner Aktivitäten und in seinem Bewusstsein verbleibt kein Platz mehr für Allah den Erhabenen oder Mitgefühl gegenüber seinen Mitmenschen. Um an Drogen zu kommen, belügt und betrügt er seine Familie, stiehlt, prostituiert sich oder begeht andere kriminelle Handlungen.

Deshalb wurden im Islam alle Arten von Drogen verboten, genauso wie deren Kauf und Verkauf.[83]

Das Rauchen von Zigaretten

Im islamischen Recht gibt es drei Ansichten zum Rauchen von Zigaretten:

Erste Meinung: Da es keine prophetischen Überlieferungen und keine Quranverse zum Thema Rauchen gibt und dies daher nicht eindeutig verboten ist, ist es erlaubt. Denn alles, wozu das Gesetz schweigt, ist erlaubt.

Zweite Meinung: Dass das Zigarettenrauchen gesundheitsschädlich ist, ist erwiesen. Da aber die vorliegenden Quellen nach Einschätzung mancher Gelehrter für ein Verbot nicht ausreichen, werten diese das Rauchen daher als *mekruh*.

Dritte Meinung: Rauchen ist *haram*, weil es süchtig macht und dadurch die Gesundheit dauerhaft schädigt, außerdem Geldver-

---

83   Reddul Muhtar, 6/458; Hukuki Islamiyye Kamusu, 3/251.

schwendung ist und dadurch zur Verletzung der Unterhalspflicht gegenüber der Familie führt.[84]

NOTSITUATIONEN

Hungersnot

Alle zuvor aufgezählten Vorschriften gelten für Normalsituationen. Gerät man aber in eine Notsituation, so ist es erlaubt, von verbotenen Speisen so viel zu essen, dass das Überleben gesichert ist.[85]

Im Edlen Quran heißt es dazu:

„Wenn aber jemand (dazu) gezwungen ist, ohne (es) zu begehren und ohne das Maß zu überschreiten, so trifft ihn keine Schuld; wahrlich, Allah ist Allverzeihend, Barmherzig."[86]

Ist es in einer solchen Notsituation aber möglich, sich so viel erlaubte Nahrung zu besorgen, dass diese ausreicht, um den Hungertod abzuwenden, so darf man keine verbotenen Speisen zu sich nehmen.

Hat man hingegen nicht die Möglichkeit, den Hungertod auf erlaubte Weise abzuwenden, ist man sogar dazu verpflichtet, verbotene Nahrung zu sich zu nehmen, da dies in Notsituationen erlaubt ist, um zu überleben. Tut man dies nicht, begeht man eine Sünde und wird dafür im Jenseits zur Rechenschaft gezogen.[87]

Medizinische Notsituationen

Unter den Rechtsgelehrten gibt es zwei Ansichten darüber, ob Heilmittel, die aus verbotenen Substanzen hergestellt worden sind, erlaubt sind oder nicht.

---

84 Reddul Muhtar, 6/459.
85 Nach Imam Malik (rah.) darf man sich in einer solchen Situation an verbotenen Speisen auch sattessen.
86 El-Baqarah, 173.
87 Reddul Muhtar, 9/559.

Die erste Meinung besagt, dass dies nicht gestattet ist und bezieht sich dabei auf folgende Überlieferung: Der Gesandte Allahs (s.a.w.s.) wurde auf Heilmittel angesprochen, die aus Alkohol hergestellt wurden. Daraufhin sagte er:

„Wahrlich, er [der Alkohol] ist kein Heilmittel, sondern (selbst) eine Krankheit"[88].

Nach der zweiten Meinung bezieht sich diese Hadith nur auf Situation, in denen eine alternative Behandlung mit erlaubten Mitteln möglich ist. In Notlagen aber – also in Situationen, in denen eine Behandlung mit Medikamenten, die aus erlaubten Substanzen hergestellt worden sind, nicht möglich ist, weil solche nicht existieren oder nicht zur Verfügung stehen – ist eine Behandlung mit Heilmitteln, die aus verbotenen Substanzen hergestellt wurden, erlaubt, wenn dies auf Anweisung eines Arztes erfolgt. Zusätzlich dazu sollte ein, seine Religion praktizierender, muslimischer Facharzt zu Rate gezogen werden, der die medizinische Notwendigkeit der Behandlung bestätigt.

LUXUS

Vom Tragen goldener Ringe

Männer dürfen keine goldenen Ringe tragen. Dies wird in einer Hadith, die von Ibn Sulaym, einem der Eshab[89] (r.a.) vom Propheten (s.a.w.s.) überliefert wird, bestätigt:

„Er (der Gesandte Allahs) hat uns das Tragen goldener Ringe verboten."[90]

In einer anderen Hadith, überliefert von Ebu Sa'id El-Khudri (r.a.), heißt es:

---

88   Muslim: Eschribeh, 1984.
89   Sahabi /Pl. Eshab/Sahabeh: Gefährte des Gesandten Allahs (s.a.w.s.).
90   Muslim: Libas we Zineh, 2066.

„Ein Mann aus Bahrain trat vor den Gesandten (s.a.w.s.)(und) er hatte einen goldenen Ring (an seinem Finger). Da wandte sich der Gesandte (s.a.w.s.) vom ihm ab und sagte: „Wahrlich kamst du mit einem Stück glühender Kohle des (Höllen-)Feuers zu mir.""[91]

Das Tragen eines Ringes

Das Tragen silberner Ringe ist Frauen und Männern erlaubt. Für Männer gilt dies aber nur für den kleinen Finger. Ringe aus anderen Materialien, wie beispielsweise Eisen, Kupfer, Bronze oder Blei zu tragen ist hingegen für beide Geschlechter *mekruh*.[92] Das Tragen von Ringen aus Achat oder Jade ist beiden Geschlechtern erlaubt. Das Tragen von goldenen Ringen ist Frauen erlaubt, Männern aber verboten. Männer dürfen außerdem keine Ringe tragen, die den Ringen der Frauen ähneln.

Gefäße aus Gold und Silber

Der Gebrauch goldener oder silberner Gefäße ist für Männer und Frauen *haram*. Hudhayfeh (r.a.) überliefert dazu:

„Der Gesandte (s.a.w.s.) sagte: „Trinkt nicht aus goldenen oder silbernen Gefäßen und kleidet euch nicht in Seide oder Brokat.""[93]

Dasselbe gilt für den Gebrauch von goldenem und silbernem Besteck.[94]

Zierrat aus Gold und Silber

Es ist erlaubt, Gefäße und Besteck aus Gold und Silber zu Hause aufzubewahren und beispielsweise in einer Vitrine auszustellen.[95]

---

91   Sunan Nesa'i: Zineh, 5188.
92   Durer, 1/312; Bedai´, 5/133.
93   El-Bukhari: Eschribeh, 5310.
94   Benaye, 9/182.
95   El-Fiqhul Islami, 3/544. Nach Ansicht der schafi'itischen Gelehrten ist dies nicht erlaubt.

Kauf und Verkauf goldener und silberner Gefäße

Mit Gefäßen aus Gold und Silber zu handeln oder diese als Wertanlage oder zur Zier aufzubewahren ist erlaubt.[96]

Seidene Kleidung

Männern ist das Tragen von Seide ebenso wenig erlaubt wie das Tragen goldener Ringe. Dazu überlieferte Ali Ibn Ebi Talib (r.a.):

„Wahrlich nahm der Gesandte Allahs (s.a.w.s.) ein (Stück) Seide in seine Rechte, dann nahm er einen (Gegenstand aus) Gold in seine Linke und sagte: „Wahrlich, diese beiden sind den Männern meiner Ummeh verboten." [97]

SPORT UND SPIEL

Glücksspiel

Mit Glücksspiel bezeichnet man jede Art von Wette, bei der alle beteiligten Parteien Geld oder andere Gegenstände als Wetteinsatz einsetzen. Im Islam sind alle Arten des Glücksspiels verboten[98]. Dazu heißt es unmissverständlich im Edlen Quran:

„O ihr, die ihr glaubt! Berauschendes, Glücksspiel, Opfersteine und Lospfeile sind ein Gräuel, das Werk des Scheytans. So meidet sie, auf dass es euch wohlergehe; Scheytan will durch das Berauschende und das Glücksspiel nur Feindschaft und Hass zwischen euch säen, um euch vom Gedenken an Allah und vom Gebet abzuhalten. Werdet ihr euch denn abhalten lassen?"[99]

---

96 Nach Ansicht der schafi'itischen Gelehrten ist dies nicht erlaubt, da der Besitz solcher Gegenstände laut der schafi'itischen Rechtsschule absolut verboten ist.

97 Sunen Ebu Dawud: Libas, 4057.

98 Wenn aber nur eine der am Spiel teilnehmenden Parteien einen Wetteinsatz einsetzt, die anderen aber nicht, so ist dies erlaubt. Beispiel: Ein Vater läuft mit seinem Sohn um die Wette und sagt: „Wenn du gewinnst, kriegst du ein Eis, wenn du verlierst musst du nichts bezahlen." Diese Art der Wette ist erlaubt.

99 El-Ma'ideh, Vers 90f.

Die wichtigsten Schäden, die durch das Glücksspiel entstehen, sind die Folgenden:

- Spielgewinn ist unrechtmäßig erworbenes Geld.[100]
- Beim Glücksspiel entsteht Neid und Hass zwischen den Beteiligten.
- Glücksspiel macht so versessen, dass man darüber das Gebet vergisst.
- Verlust im Glücksspiel kann dazu verleiten, alles was man besitzt hemmungslos dafür einzusetzen, das Verlorene wieder zurückzugewinnen.

Ein Muslim sollte sein Geld auf ehrliche Art und Weise verdienen. Ein Spielgewinn basiert hingegen auf Zufälligkeiten und Glück.

Lotto und Tombolas fallen ebenfalls unter die Definition von Glücksspiel.

Backgammon

Backgammon ist *haram*. Dieses Verbot gründet auf den beiden folgenden Hadithen:

„Backgammon zu spielen ist dasselbe wie seine Hand in Schweinefleisch und Schweineblut zu tauchen."[101]

---

100 Unrechtmäßig erworbener Besitz führt dazu, dass man den Segen Allahs verliert, wenn man diesen Besitz, zum Beispiel für den Unterhalt der Familie, verwendet. Dies führt zu Streit, Neid und Zwietracht innerhalb der Familie und man erhält außerdem keinen göttlichen Lohn für die Taten, die man mithilfe des verbotenen Besitzes finanziert. Solcherart Besitz ist wie Feuer in der Hand seines Besitzers und dieser muss versuchen, ihn schnell wieder loszuwerden. Daher sollte unrechtmäßig erworbener Besitz dessen rechtmäßigem Besitzer zurückgegeben werden. Ist dieser bereits verstorben, gibt man ihn an seine Erben zurück. Ist dies nicht möglich, muss der unrechtmäßig erworbene Besitz an Bedürftige gespendet werden. Hierfür erhält man zwar keinen göttlichen Lohn, entledigt sich aber jener Sündhaftigkeit, die mit dem Besitz der unrechtmäßig erworbenen Sache einhergeht.
101 Sunen Ebu Dawud: Edeb, 4939.

„Wer Backgammon spielt, lehnt sich gegen Allah und Seinen Gesandten auf."[102]

Schach

Die meisten Rechtsgelehrten betrachten das Schachspielen als *haram*. Nach einer Überlieferung stuft Imam Ebu Yusuf (rah.) das Schachspielen als *halal* ein. Dies aber nur, wenn nicht um Geld gespielt und das Spiel nicht so weit in die Länge gezogen wird, dass dabei religiöse Pflichten vernachlässigt werden. Wird eine dieser Voraussetzungen nicht erfüllt, so ist das Schachspielen nach Übereinstimmung aller Gelehrten *haram*. [103]

Statuen

Die Herstellung und der Besitz von Statuen sind *haram*. Den Beweis hierfür liefern die beiden folgenden Hadithe:

„Zu den Leuten, die am Jüngsten Tag am heftigsten bestraft werden, gehören jene, die Statuen herstellen."[104]

Der Engel Dschibril (Gabriel) (a.s.) sagte zum Gesandten (s.a.w.s.):

„Wahrlich, wir (die Engel) treten nicht in Häuser ein, in denen sich ein Hund oder eine Abbildung[105] befindet."[106]

Statuen wurden hauptsächlich deshalb verboten, um den monotheistischen Glauben zu erhalten und die Erinnerung an die Zeit der Götzenanbetung auszulöschen.

---

102 Sunen Ebu Dawud: Edeb, 4938.
103 Reddul Muhtar: 9/650 f. In der der schafi'itischen Rechtslehre ist Schach erlaubt.
104 Bukhari: Edeb, 5758.
105 Hiermit sind keine Bilder sondern Statuen gemeint.
106 Muslim: Libas we Zineh, 2104.

Wetten

Wetten gilt als Glücksspiel und ist deshalb *haram*. Geld oder andere Dinge, die man beim Wetten gewonnen hat, sind deshalb ebenfalls *haram*.[107]

Ballspiele

Ballspiele sind unter der Voraussetzung erlaubt, dass dabei die *Awreh* bedeckt bleibt und die religiösen Pflichten nicht vernachlässigt werden. Des Weiteren ist zu beachten, dass Gegenspieler nicht absichtlich gefoult werden dürfen.

Tierkämpfe

Ibn Abbas (r.a.) berichtet, dass

„der Gesandte Allahs (s.a.w.s.) es verboten hat, Tiere aufeinander loszulassen." [108]

Daher sind alle Arten von Schaukämpfen mit Tieren, wie Hahnen- oder Stierkämpfe, verboten und gelten als Tierquälerei.

Boxen

Es ist nicht gestattet, sich gegenseitig zu schädigen und Verletzungen zuzufügen. Nur unter der Voraussetzung, dass der Boxsport zu Trainingszwecken und ohne Gegner ausgeführt wird, ist er erlaubt.

Auszeichnung für einen Wettkampf

Wird die Auszeichnung von den Wettkämpfern selbst, durch Startgebühren oder Ähnliches, bezahlt, gilt der Wettkampf als Glücksspiel und es ist nicht erlaubt, diese Auszeichnung anzunehmen. Wird die Auszeichnung aber von einer außenstehenden Person oder einer Vereinigung vergeben, so darf der Gewinner diese Auszeichnung annehmen.

---

107 Es ist aber erlaubt zu wetten, wenn nur einer der Wettpartner einen Gewinn einsetzt. So darf man beispielsweise sagen: „Wenn du Recht hast, dann gebe ich dir einen Kaffee aus, wenn du nicht Recht hast, bezahlst du mir nichts." Dieses Thema wurde bereits weiter oben behandelt.

108 Sunen Ebu Dawud: Dschihad, 2562.

BILDNISSE

Bilder

Die Rechtsgelehrten sind sich darin einig, dass es erlaubt ist, leblose Gegenstände und Pflanzen abzubilden. Die Abbildung beseelter Wesen ist bei den Gelehrten aber umstritten. Die einen sagen, dass dies erlaubt sei, solange keine anstößigen Dinge dargestellt oder Personen verherrlicht werden und der Künstler sich nicht für den Erschaffer dieser Dinge hält. Die anderen sagen, dass die Abbildung von Lebewesen nur dann erlaubt ist, wenn dies eine absolute Notwendigkeit darstellt.

Fotos

Die Gelehrten, die es nicht erlauben, Lebewesen zu malen, erlauben es auch nicht, Lebewesen zu fotografieren. Diejenigen, die das Malen erlauben, erlauben auch das Fotografieren. Andere wiederum erlauben die Abbildung per Fotografie, weil dabei nicht derselbe schöpferische Akt stattfindet wie beim Malen.

Die Erstellung von Passfotos für Reisepässe, Personalausweise und andere Dokumente ist nach übereinstimmender Meinung der Gelehrten erlaubt, weil dafür eine besondere Notwendigkeit besteht.

KÖRPERPFLEGE UND SCHÖNHEIT

Sich für den Ehepartner zurechtmachen

Die Frau soll sich für den eigenen Mann zurechtmachen und der Mann sich für seine Frau pflegen. Die Eheleute sollen sich ja anziehend finden und nicht abstoßend. Sich zu schminken, zu parfümieren und zu pflegen wird also – in scha' Allah – von Allah dem Erhabenen belohnt, weil es die Liebe und Harmonie zwischen den Eheleuten fördert. Verboten sind allerdings Veränderungen der körperlichen Substanz des Menschen selbst, wie Schönheitsoperationen. Dies ist eine Auflehnung gegen den Willen Allahs, der

der Schöpfer des Körpers des Menschen ist, und eine Gehorsamstat gegenüber dem Scheytan. Denn der Scheytan sagte Folgendes:

„Und wahrlich werde ich (der Scheytan) ihnen befehlen und dann werden sie [die Diener Allahs] mit Sicherheit die Schöpfung Allahs verändern."[109]

Tätowierungen

Der Prophet (s.a.w.s.) sagte zu diesem Thema:

„Verflucht sind der Tätowierer und der, der sich tätowieren lässt."[110]

Es gibt zwei Gründe dafür, warum man sich nicht tätowieren lassen darf: Erstens, weil Veränderungen am menschlichen Körper, also an der Schöpfung Allahs, vorgenommen werden und zweitens, weil es verboten ist, sich unnötig Schmerzen zuzufügen oder zufügen zu lassen.

Vom Zupfen der Augenbrauen

Sich die Augenbrauen zu zupfen, ist ebenfalls verboten, denn in einer Hadith heißt es:

„Verflucht ist der [...], der Augenbrauen auszupft oder sich Augenbrauen auszupfen lässt."[111]

---

109 En-Nisa, Vers 119.
110 Bukhari: Libas, 5603; Muslim: Libas we Zineh, 2125.
111 Muslim: Libas we Zineh, 2125. Der Gelehrte Ibn Abidin bemerkt dazu, dass sich dies hoffentlich nur darauf bezieht, dass sich eine Frau die Augenbrauen für fremde Personen, also nicht den eigenen Ehemann, auszupft. Wenn aber eine Frau einen starken Haarwuchs im Gesicht hat und sich ihr Ehemann dadurch gestört fühlt, dann ist es weit davon entfernt, verboten zu sein, dass sich die Frau diese überschüssigen Haare auszupft. Wenn einer Frau Bart oder Schnurrbart wächst, dann ist es nicht verboten, diese zu entfernen, sondern im Gegenteil *mustchabb*. Auch ein Mann darf sich – bei starkem Wuchs der Augenbrauen – einen Teil davon entfernen, solange dies nicht dazu führt, dass er weibisch wirkt (Vgl. Reddul Muhtar, 9/615).

Vom Zufeilen der Zähne

In der oben genannten Hadith heißt es ebenfalls:

„Verflucht ist der, der Zähne abfeilt oder sich Zähne abfeilen lässt."

Schönheitsoperationen

Wie bereits erwähnt, sind Schönheitsoperationen verboten, weil sie zu einer Veränderung der Schöpfung Allahs führen. So sind chirurgische Eingriffe an Nase, Kinn, Brust oder anderen Körperteilen nicht erlaubt.

Führt aber eine körperliche Anomalie[112] dazu, dass sich andere Leute über einen lustig machen oder wird zum Beispiel eine Nasenoperation notwendig, damit man wieder frei atmen kann, so ist es erlaubt, sich operieren zu lassen. Hierbei sollte man zusätzlich einen, seine Religion praktizierenden, muslimischen Facharzt zu Rate ziehen, der die medizinische oder psychologische Notwendigkeit einer solchen Operation bestätigt.

Das Tragen von Perücken, Haarteilen und Haarverlängerungen

Ibn Umer (r.a.) sagte:

„Der Prophet (s.a.w.s.) verfluchte diejenige, die Haare (mit Fremdhaar) verlängert oder sich verlängern lässt."[113]

Unter dieses Verbot fällt auch das Tragen von Perücken aus Menschenhaar. Auch Fremdhaarverlängerungen aus Menschenhaar sind grundsätzlich verboten. Das Tragen falscher Haarteile und Perücken verändert das natürliche Aussehen und führt zur Täuschung anderer. Perücken, Zöpfe oder Haarteile, die aus Seide oder Wolle hergestellt wurden, sind aber erlaubt.[114]

---

112 So ist es beispielsweise kein Problem, sich eine Hasenscharte entfernen zu lassen.
113 Bukhari: Libas, 5603.
114 Bedai, 5/125.

Das Stechen von Ohrlöchern

Mädchen und Frauen dürfen sich Ohrlöcher stechen lassen und Ohrringe tragen. Der Prophet (s.a.w.s.) verbot dies nicht, obwohl der Gebrauch von Ohrringen auch zu seiner Zeit unter den Frauen weit verbreitet war.[115]

Buben oder Männer dürfen sich aber keine Ohrlöcher stechen lassen und auch keine Ohrringe tragen, weil dies dem Verhalten der Frauen ähnelt.[116]

Das Stechen von Ohrlöchern durch einen Mann, der kein *Mahram* der Frau ist

Eine Frau darf sich von keinem Mann, der nicht zu ihren *Mahram*-Personen[117] gehört, Ohrlöcher stechen lassen. Die Ohren der Frau zählen nämlich zu ihrem Intimbereich *(Awreh)*, den fremde Männer oder ferne Verwandte weder betrachten noch berühren dürfen.

Das Färben der Haare und des Bartes

Der Gesandte (s.a.w.s.) forderte die Muslime auf, sich von den Nichtmuslimen durch das Färben der Haare und Bärte zu unterscheiden:

„Wahrlich, die Juden und Christen färben sich nicht [ihre Haare und Bärte], so unterscheidet euch von ihnen!"[118]

Das Färben von Bart und Haaren wurde von den Gefährten des Gesandten (s.a.w.s.) allerdings als eine Aufforderung des Propheten (s.a.w.s.) und nicht als Befehl verstanden. Deshalb färbten sich manche von ihnen Bart und Haare, andere nicht.

---

115 Hindiyye, 5/357.
116 Reddul Muhtar: 9/693.
117 Mit Mahram bezeichnet man die nahen Verwandten einer Frau, denen es erlaubt ist, die Frau zu berühren und Teile ihres Körpers zu betrachten, die für fremde Personen oder ferne Verwandte tabu sind. Vgl. auch das Kapitel über Mahram in diesem Buch.
118 Bukhari: Libas, 5559.

Das Schwarzfärben von Bart und Haaren

Ideal zum Färben von Bart- und Haupthaar sind rötliche und dunkle Farbmischungen auf pflanzlicher Basis (z.B. Henna). Hierbei ist wichtig, dass nur Mittel verwendet werden, die die Haare nicht versiegeln. Das Färben mit schwarzer Farbe ist hingegen nicht zulässig.

Dazu berichtet Dscha'bir Ibn Abdillah (r.a.) Folgendes:

„Man brachte Ebu Quhafeh [den Vater Ebu Bekrs] am Tage der Eroberung Mekkas (vor den Propheten) und sein Haupt und sein Bart waren schlohweiß. Da sagte der Gesandte Allahs (s.a.w.s.): „Ändert diese [Haar- bzw. Barthaarfarbe] mit einem (Färbe)Mittel, aber nehmt kein Schwarz.“[119]

Nach Ebu Yusuf (rah.) ist es zwar erlaubt, dass sich Eheleute füreinander die Haare schwarz färben, dies aber nur dann, wenn die Notwendigkeit dazu besteht, die Attraktivität für den Ehepartner zu steigern, um dadurch Eheprobleme zu vermeiden.[120]

Sich den Bart wachsen lassen

Dazu sagte der Gesandte Allahs (s.a.w.s.):

„Stutzt den Schnurrbart zurück und lasst den Bart stehen.“[121]

Die Gelehrten sind sich uneins darin, wie die Aussage dieser Hadith islamrechtlich zu bewerten ist. Die Mehrheit von ihnen – nämlich die Gelehrten der hanefitischen, malikitischen und hanbelitischen Rechtsschule – sagt, es sei die Verpflichtung *(wadschib)* des Gläubigen, sich einen Bart wachsen zu lassen, andere – nämlich die Gelehrten der schafi'itischen Rechtsschule – vergleichen diese Hadith mit jener über das Färben der Haare und sagen, es sei *Sunneh*, sich einen Bart wachsen zu lassen.

---

119 Muslim: Libas we Zineh, 2102.
120 Medhehibul Erbe'a, 2/46.
121 Bukhari: Libas, 5554.

Nach der ersten Meinung ist das Abrasieren des Bartes *mekruh tahrimen/ Haram*, nach der zweiten *mekruh tenzihen*.

Das Färben der Hände mit Henna

Frauen und Männer dürfen sich aus medizinischen Gründen die Hände mit Henna färben. Liegt keine medizinische Notwendigkeit vor, ist den Männern das Färben der Hände mit Henna verboten. Frauen dürfen sich zwar ihre Hände auch ohne medizinische Notwendigkeit färben, dürfen diese dann aber nur jenen Männern zeigen, die zu ihrem Mahram gehören. Vor Männern, die nicht zu ihrem Mahram gehören, müssen sie hingegen ihre hennagefärbten Hände verbergen.

Jungen dürfen sich genauso wenig die Hände mit Henna färben wie Männer, da dies den Handlungen der Frauen gleicht und daher nicht erlaubt ist.[122]

Das Schneiden der Haare einer Frau

Eine Frau darf sich ihre Haare schneiden, aber nicht so kurz, dass sie dadurch einem Mann ähnelt.

Die Rasur im Zustand großer ritueller Unreinheit

Es ist *mekruh tenzihen*, sich im Zustand großer ritueller Unreinheit die Fingernägel zu schneiden oder sich zu rasieren.[123]

DER INTIMBEREICH/SCHAMBEREICH (*AWREH*)

Definition von *Awreh*

Mit *Awreh* bezeichnet man alle Körperstellen, die nicht offen gezeigt und nicht von anderen betrachtet werden dürfen.

---

122 Hindiyye, 5/359
123 Hindiyye, 5/358

Arten der *Awreh*

Es gibt drei Arten der *Awreh*:

- Der Schambereich des Mannes erstreckt sich von unterhalb seines Bauchnabels bis zum unteren Ende seiner Knie. Nur seine Ehefrau darf diesen Bereich betrachten, allen anderen Personen ist er verboten.[124]
- Der Schambereich der Frau gegenüber fremden Männern – auch gegenüber nichtmuslimischen Frauen – ist ihr gesamter Körper, außer ihrem Gesicht, ihren Händen und ihren Füßen.[125]
- Der Schambereich der Frau gegenüber ihren nahen männlichen Verwandten ist der Bereich zwischen ihrem Bauchnabel und ihren Knien, einschließlich ihres Rückens, ihres Bauches und ihrer Flanken.[126] Als „nahe männliche Verwandte" (*Mahram*) einer Frau zählen alle männlichen Familienmitglieder, die diese nicht heiraten darf. Vertikale Blutlinie: Vater, (Ur-)Großväter, Söhne und (Ur-)Enkel; horizontale Blutlinie: Brüder, Halbbrüder, Söhne der Geschwister, (Ur-)Enkel der Geschwister, Onkel und Großonkel mütterlicher- und väterlicherseits. Dasselbe gilt für die männliche Milchverwandtschaft. Dazu zählen auch männliche Verwandte, die durch Verschwägerung in die Familie gekommen sind, wie Vater, Großväter, Enkel und Urenkel des Mannes. Schwager und Schwägerin zählen nicht zu den nahen Verwandten (*Mahram*)!

Zwischen Eheleuten gibt es keine *Awreh*, sie dürfen sich also gegenseitig vollkommen nackt betrachten.

Der Mann darf diejenigen Körperstellen seiner nahen weiblichen Verwandten *(Mahram)* berühren, die er auch ansehen darf.

---

124 In der schafi'itischen Rechtsschule zählen die Knie und der Bauchnabel nicht mehr zum Schambereich des Mannes.

125 In der schafi'itischen Rechtsschule zählen auch die Füße zum Schambereich der Frau.

126 In der schafi'itischen Rechtsschule ist dies nur der Bereich zwischen Bauchnabel und Knie.

Einer fremden Frau darf ein Mann zwar ins Gesicht blicken oder ihre Hände betrachten, wenn er dabei keine Wollust empfindet, berühren darf er sie aber auch dann nicht, wenn er keine Wollust dabei empfinden sollte, denn das Berühren einer Frau weckt größere Begehrlichkeiten im Mann als ihr bloßer Anblick.[127]

Wann ist die weibliche Stimme *Awreh* und wann nicht?

Nach bevorzugter Meinung ist die Stimme der Frau keine *Awreh*, solange sie in normalem Tonfall spricht. Setzt die Frau aber ihre Stimme dazu ein, um zu kokettieren und das Interesse des anderen Geschlechts auf sich zu ziehen, so ist dies nicht erlaubt, da es zu Begehrlichkeiten seitens des Mannes führen könnte. Singt eine Frau, oder rezitiert sie beispielsweise beim Quranlesen mit Melodie, so gilt ihre Stimme als *Awreh* und es ist *haram* für den fremden Mann[128], solch einer Stimme zu zuzuhören.[129]

Vom Bedecken der *Awreh*

An mehreren Stellen im Edlen Quran wird darauf hingewiesen, dass die Frauen sich in der Öffentlichkeit keusch zu verhalten haben und ihre *Awreh* bedecken sollen:

> *„Und sage den gläubigen Frauen, dass sie ihre Blicke senken und ihre Keuschheit wahren und ihre Reize nicht zur Schau stellen sollen, außer was sichtbar ist [Hände und Gesicht], und dass sie ihre Tücher um ihren Busen [Dekolleté] schlagen.“*[130]

In einem anderen Quranvers heißt es:

> *„O Prophet! Sage deinen Frauen und deinen Töchtern und den Frauen der Gläubigen, dass sie [wenn sie wegen einer Notwendigkeit das Haus verlassen] etwas von ihren Übergewändern über sich ziehen sollen.“*[131]

---

127 Hindiyye, 5/327.
128 Vgl. Definition von Mahram.
129 El-Fiqhul Islami, 1/595.
130 En-Nur, Vers 31.
131 El-Ehzab, Vers 59.

Unsere Mutter Aischa (r.a.) überliefert,

„dass Esma Bint Ebu Bekr beim Gesandten Allahs (s.a.w.s.) ein-
trat und (nur) mit einem dünnen Stoff bekleidet war. Da wandte
sich der Gesandte Allahs (s.a.w.s.) von ihr ab und sprach: ‚O Esma,
wenn [eine Frau] das Alter der Geschlechtsreife erreicht hat, dann
darf sie nur das und das zeigen.' Dabei deutete er auf sein Gesicht
und seine Hände.“

Die islamischen Gelehrten sind sich darin einig, dass alle Körperstellen der Frau, außer ihren Händen

und ihrem Gesicht, *Awreh* sind und bedeckt werden müssen.

Islamische Kleidungsvorschriften für die Frau

Eine Muslimin muss folgende Kleidungsvorschriften beachten:

* Alle Körperstellen, deren Bedeckung vorgeschrieben ist,
  müssen vollständig verhüllt werden.
* Ihre Kleidung darf nicht so dünn sein, dass darunter die Haut
  erkennbar ist.
* Sie muss sich so kleiden, dass ihre Figur nicht erkennbar ist.
  Taillierte Kleidungstücke oder Kleidungsstücke, die die Hüf-
  ten oder die Oberweite der Frau betonen, sind nicht erlaubt.
  [132]
* Die Frau darf sich nicht auf die gleiche Weise wie Männer
  kleiden.

Ibn Abbas (r.a.) berichtet,

„dass der Prophet (s.a.w.s.) Männer, die sich wie Frauen geben und
Frauen, die sich wie Männer geben, verfluchte.“[133]

---

132 Bedai, 5/123.
133 Sunen Ebu Dawud: Libas, 4097.

Perücken als Kopftuchersatz

Perücken gelten nicht als Kleidungsstücke, denn sie verringern nicht die Attraktivität einer Frau, sondern steigern diese im Gegenteil manchmal sogar noch. Der Sinn der islamischen Kleidungsvorschriften ist es aber gerade, keine Begehrlichkeiten beim anderen Geschlecht zu erwecken. Deshalb kommt eine Muslimin nicht darum herum, ein Kopftuch zu tragen, auch wenn sie aus einer Notwendigkeit heraus (beispielsweise weil sie Haarausfall hat) eine Perücke – aus synthetischem Haar oder Wolle – trägt.

Ärztliche Untersuchungen

Normalerweise darf sich eine Frau nicht von einem männlichen Arzt oder ein Mann von einer Ärztin untersuchen lassen. Gibt es aber keine Ärztin vor Ort, die die erforderliche Dienstleistung anbietet, so darf sich eine Frau ausnahmsweise auch von einem männlichen Arzt untersuchen lassen, und gibt es keinen männlichen Arzt vor Ort, so darf sich ein Mann ausnahmsweise auch von einer Frau untersuchen lassen.

FRUCHTBARKEIT UND VERHÜTUNG

Koitus interruptus *(Azl)*

Wenn seine Ehefrau damit einverstanden ist, darf ein Mann den Geschlechtsverkehr unterbrechen, bevor es zur Ejakulation in die Vagina seiner Frau kommt. Diesen Vorgang nennt man im islamischen Recht *Azl* (Entfernung, Trennung). Der Beweis dafür findet sich in einer Überlieferung von Umer (r.a.):

„Der Gesandte Allahs (s.a.w.s.) verbat den Koitus interruptus bei einer freien Frau, wenn sie dazu nicht ihr Einverständnis gibt."[134]

Wenn die Frau aber damit einverstanden ist, dann gibt es dagegen keine Einwände. Die Rechtsgrundlage dafür bildet eine Überlieferung des Sahabi Dscha'bir (r.a.):

---

134 Tuhfetul Ehwedhi Scherh Sunenu Tirmidhi: Kitabul Nikah: Azl, S. 242.

„Wir betrieben Koitus interruptus zur Zeit der Offenbarung des Qurans."[135]

Da die Ehefrau ein Recht darauf hat, Kinder zu kriegen, muss sie von ihrem Mann gefragt werden, ob sie dem Koitus interruptus zustimmt oder nicht.[136] Auch der Gebrauch von Präservativen (Kondomen) fällt unter die Kategorie Koitus interruptus und bedarf der Zustimmung der Ehefrau.

Verhütung mit Spirale oder Hormonpräparaten

Aus religiöser Sicht gibt es grundsätzlich keine Einwände dagegen, Hormonpräparate (wie beispielsweise die Pille) oder die Spirale zu Verhütungszwecken zu nutzen. Hierbei ist aber zu beachten, dass der Intimbereich (Awreh) – mit Ausnahme des Ehepartners – niemanden ohne medizinische Notwendigkeit gezeigt werden darf. Notwendig bedeutet in diesem Fall, dass andere Verhütungsalternativen, bei deren Verabreichung nicht die Betrachtung des Intimbereichs durch Dritte vonnöten ist, beispielsweise aus gesundheitlichen Gründen, nicht in Frage kommen.

Abtreibung

Nur wenige islamische Rechtsgelehrte erlauben es, eine Schwangerschaft – und dann auch nur bis zum vierten Schwangerschaftsmonat – abzubrechen. Die große Mehrheit der Gelehrten hingegen verbietet dies. Alle Rechtsgelehrten sind sich jedoch darin einig, dass ein Schwangerschaftsabbruch nach dem vierten Monat – egal ob dieser medikamentös eingeleitet wird oder mittels eines operativen Eingriffs erfolgt – verboten ist, wenn nicht eine medizinische Notwendigkeit dafür besteht.[137]

---

135 Sunenu Tirmidhi: Nikah, 1137.
136 Binaye, 9/292; Bedai, 5/126.
137 Fetvalar, S. 53.

Künstliche Befruchtung (In-Vitro-Fertilisation)

Sollten Ehemann oder Ehefrau nicht in der Lage sein, sich auf natürlichem Wege fortzupflanzen, dann ist eine künstliche Befruchtung erlaubt, wenn sowohl die Spermien als auch die befruchteten Eizellen von den beiden Eheleuten selbst stammen.

Eine künstliche Befruchtung mit dem eigenen Sperma und den Eizellen einer fremden Frau, oder der eigenen Eizellen mit den Spermien eines fremden Mannes, ist nicht gestattet, da dies islamrechtlich unter die Kategorie Unzucht fällt und noch dazu dadurch die Gefühle eines der beiden Ehepartner verletzt werden könnten.

Vasektomie, Sterilisation und Kastration

Die Zeugungsfähigkeit eines Menschen zu beschneiden ist nicht erlaubt, egal ob es sich dabei um einen Mann oder eine Frau handelt. Gegen die Kastration von Tieren bestehen aber keine Einwände.[138]

Abklemmen des Eileiters

Das Abklemmen des Eileiters ohne medizinische Notwendigkeit ist nicht gestattet, da dies zu dauerhafter Zeugungsunfähigkeit führt.

Künstliche Besamung von Nutztieren

Nutztiere wie Kühe oder Schafe zur Steigerung der Fleisch- und Milchleistung mit Spermien von Bullen oder Böcken zu besamen, die besonders gut für die Zucht geeignet sind, ist erlaubt.

DIE BESONDEREN TAGE DER FRAU

Halal und *haram* während der Regelblutung

Während der Regelblutung sind folgende Handlungen *haram*:

---

138 Hindiyye, 5/357

• Das Gebet

Eine Frau darf in der Zeit ihrer Regelblutungen weder Pflicht- noch *Sunneh*- oder freiwillige Gebete verrichten. Der Prophet (s.a.w.s.) sagte zu einer Frau, die ihn zur Regelblutung befragte:

„Lass das Beten sein, sobald deine Periode einsetzt. Wasche dich vom Blut rein (Ghusl) und verrichte das Gebet, sobald deine Periode geendet hat."[139]

Ebenso wenig darf eine menstruierende Frau eine Rezitationsniederwerfung (*Sudschudul Tilaweh*) oder Dankesniederwerfung (*Sudschudul Schukr*) ausführen.

Die Frau braucht diejenigen Gebete, die sie während ihrer Periode nicht verrichten konnte, nicht nachzuholen. Begründung: Es wäre eine zu große Erschwernis für die Frauen, wenn sie all diese Gebete nachholen müssten. Daher hat der Gesetzgeber (Allah) hier eine Erleichterung für die Frauen geschaffen.

• Fasten

Eine Frau in der Menstruation darf weder *Fard-, Wadschib*[140]- noch *Sunneh*-Fasten. Die Fastentage des Monats Ramadan, an denen sie nicht fasten darf, muss sie nachholen.

Unsere Mutter Aischa (r.a.) sagte:

„Wir bekamen zu Lebzeiten des Gesandten (s.a.w.s.) unsere Periode. Uns wurde, befohlen, das Fasten nachzuholen, uns wurde aber nicht befohlen, die Gebete nachzuholen."[141]

---

139 Bukhari: Eda (Hayd), 324.
140 *Wadschib* wird ein freiwilliges Fasten dann, wenn es abgebrochen wurde. Dann ist es Pflicht des Gläubigen, dieses Fasten nachzuholen.
141 Bukhari: Eda (Hayd), 315; Ebu Dawud: Tahareh, 262 und 263.

Weil das Fasten nur einen Monat im Jahr vorgeschrieben ist, besteht keine allzu große Schwierigkeit darin, die versäumten Fastentage nachzuholen.[142]

Wenn ein *Fard* - oder *Nafileh*-Fasten[143] begonnen wurde und dieses wegen des Einsetzens der Monatsblutungen abgebrochen werden musste, so müssen diese Tage ebenfalls nachgefastet werden.[144]

• Das Umrunden der Kaaba *(Tawaf)*

Eine Frau die ihre Regelblutung hat, darf alle Bestandteile der Pilgerfahrt vollziehen, außer der siebenmaligen Umrundung der Kaaba.

Der gesegnete Prophet (s.a.w.s.) riet unserer geschätzten Mutter Aischa (r.a.), als sie auf Pilgerfahrt ihre Periode bekam:

„Mache alles, was der (normale) Pilger macht, nur (mit) dem Tawaf um das Haus (warte solange,) bis du (wieder) sauber bist"[145]

Wenn eine Frau die Regel bekommt, bevor sie den *Tawaful Ziyareh*[146] durchführen konnte, so wartet sie solange damit, bis sie wieder „rein" ist und umrundet erst dann die Kaaba. Sollte sie die Kaaba vor dem Abklingen ihrer Blutungen umkreisen, so ist dieser *Tawaf* zwar gültig, er ist aber *mekruh tahrimen*. Als Strafe für dieses Vergehen muss sie ein Kamel oder ein Rind opfern. Wenn

---

142 Die entsprechenden Tage müssen darüber hinaus auch nicht am Stück nachgefastet werden, sondern können nach und nach, auch mit Unterbrechungen, nachgeholt werden.

143 *Wadschib*-Fasten ist das Fasten wegen eines Gelübdes, das man abgelegt hat; *Nafileh*-Fasten ist freiwilliges Fasten.

144 Laut schafi'itischer Rechtsschule muss ein *Nafileh*-Fasten, das begonnen aber nicht beendet wurde, nicht nachgefastet werden.

145 Bukhari: Eda (Hayd), 299.

146 Der Tawafu Ziyareh ist die „Besuchsumkreisung" und ein Pflichtbestandteil der Hadsch. Diesen vollzieht der Pilger, wenn er am Tag des Opferfestes wieder nach Mekka zurückgekehrt ist, oder in den drei Festtagen danach.

sie jedoch nach ihrer Reinigung den *Tawaf* erneut durchführt, braucht sie kein Tier zu opfern.[147]

• **Quranlesen**

Eine menstruierende Frau darf nicht aus dem Edlen Quran rezitieren. Dazu sagte der Gesegnete Prophet (s.a.w.s.) Folgendes:

„Weder eine Frau, die ihre Menstruation hat, noch eine Person die sich im Zustand der großen rituellen Unreinheit befindet (dschunub), darf etwas vom Quran rezitieren."[148]

Es ist einer menstruierenden Frau aber erlaubt, Quranverse, die die Bedeutung eines *Du'as* (Bittgebets) enthalten, zu rezitieren. In diesem Fall dürfen *Du'a* Verse (Bittgebetsverse) aber ausschließlich mit der Absicht eines *Du'as* (Bittgebets) und nicht mit der Absicht der Rezitation des Edlen Quran rezitiert werden. Außerdem dürfen keine Quranverse, die nicht die Bedeutung eines *Du'as* (Bittgebets) enthalten, mit der Absicht eines *Du'as* (Bittgebetes) rezitiert werden. Eine Quranlehrerin darf während ihrer Periode unterrichten, wenn sie die einzelnen Wörter bei der Aussprache klar voneinander trennt.[149]

• **Das Berühren des Edlen Quran**

Nicht nur die Quranrezitation, sondern auch das bloße Berühren des heiligen Buches ist in der Phase der Monatsblutungen verboten. Befindet sich der Edle Quran jedoch in seinem Futteral oder

---

147 Nach der schafiʻitischen Rechtsschule wird ein solcher *Tawaf* während der Regelblutung nicht anerkannt. Die Reinheit *(Tahareh)* ist hierbei eine Voraussetzung für die Gültigkeit des Tawaf.

148 Tirmidhi: Tahareh, 131.

149 El-Fetawal Hindiyye, 1/38; Tahtawi, S. 114. Nach der malikitischen Rechtsschule darf eine Frau während der Regelblutung den Edlen Quran aus dem Gedächtnis rezitieren. Sie darf auch im Edlen Quran lesen, wenn sie diesen nicht berührt. Wenn die Blutung jedoch aufgehört hat, muss sie erst den *Ghusl* durchführen, bevor sie wieder im Edlen Quran lesen darf. (Cevahiru'l-Iklîl, 1/32).

einer anderen isolierten Hülle, so darf er berührt werden.[150] Dazu heißt es im Edlen Quran:

„Keiner darf ihn (den Edlen Quran) berühren, außer den Reinen."[151]

Und der Prophet (s.a.w.s.) sagte dazu:

„Den Quran darf nur ein Reiner berühren."[152]

● Das Betreten der Gebetsräume *(Mesdschid)*

Eine *Mesdschid* ist ein Raum, der für *Ibadat* (ä. Gottesdienste) - wie das Gebet - reserviert ist, also beispielsweise eine Moschee. Personen, die sich im Zustand großer ritueller Unreinheit befinden, dürfen keine *Mesdschid* betreten; dies gilt auch für Frauen in der Periode. Nur in Ausnahmesituationen, beispielsweise wenn sie sich bedroht fühlt oder vor starkem Regen Zuflucht sucht, darf eine menstruierende Frau eine *Mesdschid* betreten. Sie sollte aber aus Respekt vor dem Gebetsraum vorher einen *Teyemmum* (Erdreinigung) durchführen.

Dazu sagte der Gesegnete Prophet (s.a.w.s.):

„Der (Aufenthalt) in einer Mesdschid ist weder einer Menstruierenden noch einer Person, die sich im Zustand der großen rituellen Unreinheit befindet (dschunub), erlaubt."[153]

● Geschlechtsverkehr

Der Geschlechtsverkehr mit seiner menstruierenden Ehefrau ist einem Mann absolut verboten. Die Frau macht sich ebenfalls schuldig, wenn sie dieser Tat zustimmt. Solch eine Tat ist eine gro-

---

150 Nach der schafi'itischen Rechtsschule darf der Edle Quran auch dann nicht berührt werden.
151 El-Waqi'ah, Vers 79.
152 Binaye, 1/646. Nach der malikitischen Rechtsschule darf sowohl die Quranschülerin als auch die Quranlehrerin den Edlen Quran berühren (Cevahiru'l-Iklîl, 1/32)
153 Sunen Ebu Dawud: Tahareh, 232

ße Sünde (*Kebirah*) und muss im Diesseits aufrichtig bereut werden (*Tewbeh*), damit sie im Jenseits nicht bestraft wird. Dazu heißt es im Edlen Quran:

„So haltet euch von den Frauen während der Monatsblutung fern, und kommt ihnen nicht nahe, bis sie rein sind.“[154]

Ebenso ist es dem Mann nicht erlaubt, seine Frau zwischen Bauchnabel und Knien zu berühren, wenn dieser Bereich unbedeckt ist, auch dann nicht, wenn dies ohne Begierde geschieht.

Der Gesandte Gottes (s.a.w.s.) beantwortete die Frage eines seiner Gefährten, wie er denn mit seiner Frau während ihrer Periode verkehren könne, folgendermaßen:

„Der Bereich oberhalb ihres Bauchnabels steht dir zur freien Verfügung.“[155]

Hält die Blutung länger als zehn Tage an, ist der Geschlechtsverkehr nach Ablauf des zehnten Tages auch ohne vorangegangenen *Ghusl* (große rituelle Gebetswaschung) wieder erlaubt. Wenn die Blutung jedoch innerhalb der Zehntagesfrist endet, ist es nicht gestattet, sofort mit der Frau zu schlafen, sondern sie muss zuerst den *Ghusl* vollziehen. Erst wenn sie eine komplette Gebetszeit verstreichen ließ ohne zu beten[156] oder ein Gebet – selbst wenn dies nur ein *Nafileh*-Gebet war – aus berechtigten Gründen mit *Teyemmum* verrichtete, darf ihr Mann, auch ohne dass sie zuvor den *Ghusl* durchgeführt hat, mit ihr schlafen. Trotzdem ist es auch in diesem besonderen Fall *mustehabb*, dass sie zuerst den *Ghusl* vollzieht, bevor sie mit ihrem Mann schläft.

Ebenfalls *mustehabb* ist es, dass der Mann eine Spende als Kompensation gibt, wenn er mit seiner Frau während ihrer Periode

---

154 El-Baqarah, Vers 222.
155 Neylul Ewtar, 1/277.
156 Lässt die Frau aber eine Gebetszeit verstreichen, ohne zu beten, so macht sie sich einer großen Sünde schuldig und muss ihre Tat aufrichtig bereuen und sich vornehmen, diese Tat nie wieder zu begehen.

den Geschlechtsakt vollzogen hat. Wenn sich dieser Vorfall in den ersten Tagen der Regel ereignete, so spendet er einen Dinar (4,25 Gramm Gold), ereignete sich dies in den letzten Tagen der Periode, so spendet er einen halben Dinar.[157] In beiden Fällen hat er zusätzlich dazu die *Tewbeh* zu vollziehen, weil es sich bei seinem Handeln um eine Sünde handelte.

• Die Scheidung

Die Scheidung von einer menstruierenden Frau ist nicht erlaubt, aber dennoch rechtsgültig. Solch ein Vorgang wird *Talaqul bid'ah* genannt.[158]

Handlungen, die während der Zeit des Wochenbettes verboten sind

Alle Handlungen die während der Menstruation verboten sind, sind auch während des Wochenbettes verboten.

Handlungen, die einer menstruierenden Frau verboten, aber einer Person im Zustand der großen rituellen Unreinheit *(dschenabeh)* erlaubt sind

Frauen, die ihre Monatsblutungen haben, dürfen weder fasten noch mit ihrem Mann schlafen, Frauen im Zustand der großen rituellen Unreinheit dürfen dies hingegen schon.

---

157 In einer anderen Aussage heißt es: Ist das Blut der Frau noch dunkel („schwarz"), so soll er einen ganzen Dinar spenden; ist das Blut der Frau schon hell („gelb"), so soll er einen halben Dinar spenden; Tahtawi, I/208 f. Nach der hanbelitischen Rechtsschule spielt der Zeitpunkt keine Rolle: Der Mann muss in beiden Fällen einen Dinar spenden.

158 Reddul Muhtar, 291; Tahtawi, S. 113; El-Fetawal Hindiye, 1/38; El-Fiqhul Islami, 1/468.

Handlungen, die Personen im Zustand der großen rituellen Unreinheit verboten, aber Personen im Zustand der kleinen rituellen Unreinheit erlaubt sind

Personen ohne gültigen *Ghusl* (rituelle Ganzkörperwaschung) dürfen weder Quran lesen noch eine Moschee betreten; Personen ohne gültigen *Wudu* (rituelle Teilkörperwaschung, Gebetswaschung) hingegen dürfen dies.[159]

HEIRAT UND EHE

Von der Pflicht zu heiraten und dem Verbot zu heiraten

Ob ein Mann heiraten soll oder nicht, hängt von verschiedenen Faktoren ab. Je nachdem, ob diese erfüllt sind oder nicht, ist es *fard*, *wadschib*, *sunneh*, *mekruh tahrimen* oder *haram* für ihn, zu heiraten:

- Es ist *fard* (absolute Pflicht) zu heiraten, wenn man sich sicher ist, dass man ohne zu heiraten Unzucht begehen würde, und man auch die finanziellen Mittel dazu besitzt, das Brautgeld zu bezahlen und für den Unterhalt der Frau aufkommen zu können.
- Es ist *wadschib* (verpflichtend) zu heiraten, wenn man sich nicht sicher ist, sich von Unzucht fernhalten zu können.
- Es ist *sunneh* zu heiraten, wenn man sich sicher ist, sich auch ohne zu heiraten von der Unzucht fernhalten zu können.
- Es ist *mekruh tahrimen* zu heiraten, wenn die Wahrscheinlichkeit dazu besteht, dass ein Mann seiner Frau gegenüber ungerecht ist, nachdem er sie geheiratet hat.[160]
- Es ist *haram* zu heiraten, wenn ein Mann sich sicher ist, seiner Frau gegenüber ungerecht zu sein, nachdem er sie geheiratet hat oder wenn er sich sicher ist, seinen ehelichen Pflichten seiner Frau gegenüber nicht nachkommen zu können

---

159 Personen ohne kleine rituelle Waschung *(Wudu)* dürfen aber den Quran beim Lesen nicht berühren.
160 Reddul Muhtar, 3/6.

Frauen, um deren Hand ein Mann nicht anhalten darf

Folgenden Frauen darf ein Mann keinen Heiratsantrag machen:

* Frauen, die zwar geschieden sind, aber deren Wartefrist noch nicht abgelaufen ist[161]
* Verwitwete Frauen, deren Wartefrist noch nicht abgelaufen ist[162]
* Frauen, die sich schon mit einem anderen Mann auf eine zukünftige Eheschließung geeinigt haben

Das Betrachten des potenziellen Ehepartners vor der Eheschließung

Da eine Ehe für unbestimmte Zeit eingegangen wird, sollte man bei der Partnerwahl äußerste Sorgfalt walten lassen. Dazu gehört es auch, dass das zukünftige Paar gegenseitig Gefallen aneinander findet.

Es ist *sunneh*, die Person, die man ehelichen will, vorher zu sehen. Beweis: Mughirah Ibn Schughbeh (r.a.) wollte um die Hand einer Frau anhalten. Da sagte der Prophet (s.a.w.s.):

„Sieh sie dir an! Denn es ist besser (für euch), wenn ihr euch sympathisch findet."[163]

Mann und Frau dürfen sich vor der Ehe nur in Gegenwart eines ihrer nahen Verwandten *(Mahram)* treffen. Der Mann darf dabei nur das Gesicht und die Hände der Frau betrachten, denn dies reicht für ihn aus, um festzustellen, ob sie seinen Vorstellungen entspricht oder nicht.[164] Dieses kurzzeitige gegenseitige Betrachten ist auch dann erlaubt, wenn dabei Begierde entsteht.[165]

---

161 Eine Frau muss für gewöhnlich drei Monatsblutungen abwarten, bis sie endgültig von ihrem Mann geschieden ist.

162 Eine Frau muss vier Monate und zehn Tage nach dem Tod ihres Mannes verstreichen lassen, bis sie wieder heiraten darf. Schwangere dürfen erst nach der Geburt erneut heiraten.

163 Sunenu Tirmidhi: Nikah, 1087.

164 Reddul Muhtar, 9/611.

165 Muhit el-Burhani, 5/355.

Verlobung

Eine Verlobung ist das gegenseitige Versprechen zu heiraten, das sich ein Mann und eine Frau geben. Die Verlobung ist nur eine Vorstufe der Heirat. Deshalb ist es den beiden Verlobten nicht erlaubt, sich ohne Anwesenheit Dritter in ein und demselben Raum aufzuhalten. Auch dürfen sie erst dann miteinander ausgehen, nachdem sie geheiratet haben. Solange sie nur verlobt sind, sind sie islamrechtlich Fremde und es ist ihnen im Umgang miteinander alles verboten, was fremden Personen im Umgang miteinander auch verboten ist.[166]

Aussagen wie „wenn man sich das Heiratsversprechen gegeben hat und die Hochzeit bereits beschlossen ist, dann sind Mann und Frau einander schon erlaubt" sind unislamisch.

Auflösung einer Verlobung

Wenn eine Verlobung aufgelöst wird, dann gibt die Frau dem Mann alle Geschenke zurück, die er ihr mit der Absicht gab, sie zu heiraten. Dabei spielt es keine Rolle, wer von den beiden die Verlobung aufgelöst hat.

Mitgift *(Mehr)*

Der Ehemann ist dazu verpflichtet, seiner Frau ein Brautgeld *(Mehr)*zu bezahlen. Zu weiteren Zahlungen ist er allerdings nicht verpflichtet, erst recht nicht dazu, seine zukünftige Frau ihrer Familie „abzukaufen". Dies ist ein barbarischer Brauch, der den Traditionen des Islam entgegenläuft und der jungen Familie den Start in ein eigenständiges Leben zusätzlich erschwert.

Die Zeitehe *(Mut'a)*

Eine Zeitehe ist eine Form des befristeten Zusammenlebens zweier Eheleute. Die beiden Partner geben sich dabei das Eheversprechen für einen genau bestimmten Zeitraum. Läuft diese Frist ab, dann ist die Ehe automatisch beendet. Hierbei bezahlt der Ehemann ein Brautgeld an seine Frau und es sind keine Trauzeugen

---

166   El-Fiqhul Islami, 7/23

nötig, die den Eheschluss bezeugen. Sinn solch einer Ehe ist letztlich einzig und allein die Befriedigung sexueller Begierde.

In der vorislamischen Zeit waren Unzucht und zeitlich begrenzte Ehen weit verbreitet. Um die ersten Muslime allmählich von diesen Bräuchen zu entwöhnen und ihnen eine Übergangsfrist zu verschaffen, bis das neue Heiratssystem des Islam greifen konnte, hat der Prophet (s.a.w.s.) die Zeitehe nicht sofort verboten, sondern situationsbedingt manchmal erlaubt und manchmal verboten. Endgültig wurde die Zeitehe erst mit der Eroberung Mekkas verboten. Alle Sahabeh und alle Imame der vier Rechtsschulen sind der Meinung, dass dieses letzte Verbot uneingeschränkte Rechtswirkung besitzt.

Das Institut der Ehe ist im Islam eben kein Vertrag, der für ein paar Tage zur gegenseitigen Lustbefriedigung geschlossen wird, sondern es ist ein Bund, der fürs ganze Leben eingegangen wird, um eine Familie zu gründen, Kinder im Islam großzuziehen und sich gegenseitig auf dem Weg Allahs des Erhabenen zu unterstützen und in der religiösen Entwicklung voranzubringen.[167]

Frauen, die ein Mann nicht heiraten darf

Das Eheverbot mit gewissen Frauen ist in zwei Kategorien unterteilt: uneingeschränktes Verbot und zeitlich befristetes Verbot.

Uneingeschränktes Eheverbot

Eheverbot mit Frauen aufgrund der Blutsverwandtschaft zu ihnen

Sieben Kategorien von Frauen sind wegen ihrer Abstammung einem Mann auf ewig zur Heirat verboten:

- **Mütter:** Das Ehelichen der eigenen Mutter ist genauso verboten wie das Ehelichen der Groß-, Urgroßmütter usw., egal ob väterlicher- oder mütterlicherseits.

---

167 Helal ve Haramlar, S. 105. Nichtsdestotrotz ist die Beendigung des Eheverhältnisses durch Scheidung erlaubt.

- **Töchter**: Das Ehelichen der eigenen Töchter ist genauso verboten wie das Ehelichen der eigenen Enkelinnen, Urenkelinnen usw.
- **Schwestern**: Das Ehelichen der eigenen Vollschwestern ist genauso verboten wie das Ehelichen von Halbschwestern väterlicher- und mütterlicherseits.
- **Tanten väterlicherseits:** Das Ehelichen der Vollschwestern des Vaters ist genauso verboten wie das Ehelichen von Halbschwestern des Vaters, sowohl väterlicher- als auch mütterlicherseits des Vaters. Ebenfalls ist es nicht erlaubt, die Schwestern des Großvaters (Großtanten) und Urgroßvaters (Urgroßtanten) usw., sowohl väterlicher- als auch mütterlicherseits des Vaters, zu ehelichen
- **Tanten mütterlicherseits:** Das Ehelichen der Vollschwestern der Mutter ist genauso verboten wie das Ehelichen von Halbschwestern der Mutter, sowohl väterlicherseits als auch mütterlicherseits der Mutter.
- **Töchter des Bruders**: Das Ehelichen der Töchter der eigenen Vollbrüder ist ebenso verboten wie das Ehelichen der Töchter von Halbbrüdern, sowohl väterlicher- als auch mütterlicherseits
- **Töchter der Schwester:** Das Ehelichen der Töchter der Vollschwestern ist ebenso verboten wie das Ehelichen der Töchter der Halbschwestern, sowohl väterlicher- als auch mütterlicherseits

Eheverbot mit Frauen wegen Verschwägerung mit ihnen

Vier Arten von Frauen sind, wegen der Verwandtschaft durch Verschwägerung, einem Mann auf ewig verboten:

- **Schwiegermütter**: Das Ehelichen der Mutter der eigenen Frau ist genauso verboten wie die Ehelichen der Mutter der Schwiegermutter und der Mutter des Schwiegervaters
- **Stieftöchter:** Sobald ein Mann Geschlechtsverkehr mit einer Frau hatte, sind ihm alle Töchter, Enkelinnen und Urenkelinnen usw. aus allen früheren Beziehungen der Frau verboten.

- **Schwiegertöchter**: Einem Mann sind sowohl die ehemalige Frau des eigenen Sohnes als auch die Schwiegertochter des eigenen Sohnes und die Schwiegertochter der eigenen Tochter verboten.

  Das Ehelichen der ehemaligen Frau des Stiefsohnes ist aber erlaubt.
- **Stiefmütter**: Einem Mann ist das Ehelichen der ehemaligen Frau des Vaters (Stiefmutter) genauso verboten wie das Ehelichen der ehemaligen Frau des Großvaters (Stiefgroßmutter).

Frauen, die einem Mann wegen der „Milchverwandtschaft"[168] zu ihnen verboten sind

Für Frauen, mit denen eine Milchverwandtschaft besteht, gelten dieselben Regeln wie für Frauen, mit denen man verwandt ist. Ist es einem Mann also verboten, eine Blutsverwandte zu ehelichen (z. B. die eigene Schwester, Tochter, Nichte), so darf er auch das entsprechende Äquivalent der Milchverwandtschaft (z. B. Milchschwester, Milchtochter, Milchnichte) nicht heiraten. Genauso wie einem Mann die angeheiratete Verwandtschaft, wie etwa Schwiegermütter, zu ehelichen nicht erlaubt ist, so ist es auch nicht erlaubt, die Milchschwiegermütter, Milchstieftöchter, Milchschwiegertöchter und Milchstiefmütter zu ehelichen.

Zeitlich befristetes Eheverbot

Es gibt mehrere Gründe, warum ein zeitlich befristetes Eheverbot für Frauen bestehen kann. Fällt der Grund des Eheverbots weg, so fällt auch das Verbot weg und die Frau darf geheiratet werden.

Für nachfolgende Frauen besteht ein zeitlich befristetes Eheverbot:

---

168 Milchverwandtschaft mit einer fremden Familie entsteht, wenn das eigene Kind die Muttermilch der Frau (aus der fremden Familie) trinkt, oder das andere Kind die Muttermilch der eigenen Frau trinkt.

- **Eine Frau, von der sich der Mann dreimal scheidet**

Wenn sich ein Mann dreimal von einer Frau geschieden hat, darf er sie nicht erneut heiraten. Erst nachdem sie einen anderen Mann geheiratet hat und dieser verstorben ist oder sich von ihr scheiden ließ, darf ihr Exmann sie erneut heiraten.[169]

- **Eine fünfte Frau**

Hat ein Mann schon vier Frauen, dann darf er keine fünfte Frau mehr heiraten.

- **Zwei Frauen, die miteinander verwandt sind**

Ein Mann darf nicht zwei Frauen heiraten, die nah miteinander verwandt sind. Beispiel: Man darf nicht gleichzeitig mit einer Frau und deren Schwester oder einer Frau und deren Tante verheiratet sein.

- **Frauen, die in der *Iddeh* sind**

Man darf keine Frau heiraten, die sich noch in der Wartefrist (*Iddeh*) der Verwitwung oder Scheidung befindet.

Nichtmuslimische Frauen, die nicht zum „Volk des Buches" (Ehlul Kitab) gehören.

Ein muslimischer Mann darf keine nichtmuslimische Frau, die nicht zum Volk des Buches (Juden und Christen) gehört, heiraten. Muslimische Frauen dürfen keinen nichtmuslimischen Mann heiraten, egal ob dieser dem Christentum, Judentum oder einer anderen Religion angehört.[170]

Scheidung

Genauso wie das Zustandekommen einer Ehe an bestimmte Bedingungen geknüpft ist, ist auch die Scheidung einer Ehe an bestimmte Bedingungen geknüpft. Hierbei wird zwischen vier verschiedenen Arten von Scheidungen unterschieden:

---

169 Dabei muss sie dann noch die Wartefrist *(Iddeh)* abwarten, bevor sie heiraten darf.

170 El-Ikhtiyar, 3/84/88.

• Talaqu Radsch'i

Dies ist eine Scheidung, bei der der Mann Worte spricht, die eine offensichtliche Scheidungsabsicht erkennen lassen, wie „Ich bin von dir geschieden!" oder „Von nun an bist du von mir geschieden!"

Bei solch eindeutigen Sätzen wird der inneren Absicht, die hinter den Worten steckt, keine Beachtung geschenkt, egal ob diese Worte aus Spaß heraus gesagt wurden und nicht so gemeint waren oder ob dahinter voller Ernst steckte: Entscheidend ist einzig und allein, dass die Worte gefallen sind. Solche eine Scheidung ist auch dann unumkehrbar, wenn die Ehefrau im Moment des Sprechens dieser Worte nicht zugegen war.

Innerhalb der *Iddeh*[171] kann der Ehemann seine Ehefrau aber in die Ehe zurückholen, indem er diesen Wunsch beispielsweise in Worte fasst oder aber einfach nur die Hand seiner Frau berührt und ihr so signalisiert, dass er wieder mit ihr verheiratet sein möchte.

Während der *Iddeh* müssen die beiden vorläufig Geschiedenen nicht getrennt leben. Sollte aber der Mann die Frau in dieser Zeit nicht wieder in die Ehe zurückholen, sind beide Ehepartner nach Ablauf der *Iddeh* automatisch rechtsgültig geschieden und der *Talaqu Redsch'i* verwandelt sich in einen *Talaqul Ba'in*.

Liegt der Fall vor, dass die beiden Eheleute während ihrer Ehe noch keinen geschlechtlichen Verkehr miteinander hatten, führt das Aussprechen eindeutiger Scheidungsformeln – wie der oben beschriebenen – nicht zu einem *Talaqu Radsch'i*, sondern unmittelbar zu einem *Talaqul Ba'in*.

• Talaqul Ba'in

Bei dieser Form der Scheidung gibt es keine *Iddeh*. Hierbei werden Aussprüche verwendet, die keine eindeutige Scheidungsabsicht beinhalten, sondern eine Scheidung nur andeuten, wie bei-

---

171 Der Begriff „Iddeh" wird im Anhang dieses Buches ausführlich erklärt.

spielsweise „Verschwinde!", „Komm nie wieder!", „Verlasse mich!", „Hau ab!" oder „Ich will dich hier nicht mehr sehen!"

Damit solche Worte zu einem *Talaqul Ba'in* führen, müssen sie mit Scheidungsabsicht gesprochen werden.

Da es bei dieser Form der Scheidung keine *Iddeh* gibt, müssen sich beide Ehepartner unverzüglich voneinander trennen. Wollen beide Ehepartner die Ehe fortführen, erfordert dies eine erneute Eheschließung, die den islamischen Vorschriften (wie beispielsweise die Zahlung eines Brautgelds und das Vorhandensein von Zeugen) entspricht. Will einer der beiden Ehepartner keine erneute Eheschließung, bleibt die Scheidung bestehen. Zu beachten ist weiterhin, dass auch hier nach insgesamt drei Scheidungen Schluss ist und die Ehe endgültig geschieden ist.

• Talaqul *Bid'ah*
Diese Form der Scheidung ist rechtsgültig, obwohl sie *haram* ist.

In folgenden drei Fällen kommt es zu einem *Talaqul Bid'ah*:

- In der Zeit der Monatsblutungen der Frau.
- Im Zeitraum der rituellen Reinheit der Frau (*Tuhr*) zwischen zwei Regelblutungen, wenn sie in diesem Zeitraum mit ihrem Ehemann bereits Geschlechtsverkehr hatte.
- Wenn sich ein Mann innerhalb ein- und desselben *Tuhr* der Frau, von dieser durch das Aussprechen der Scheidungsformel mehrmals scheidet.[172]

Im Falle eines *Talaqul Bid'ah* ist wiederum zwischen einem *Talaqu Radsch'i* und einem *Talaqul Ba'in* zu unterscheiden, je nachdem, wie eindeutig die ausgesprochenen Scheidungsworte waren: Sofern die Scheidungsworte nicht dreimal ausgesprochen und da-

---

172 Medschme'ul Enhur, 1/382. Nach der schafi'itischen Rechtsschule ist es nicht verboten, sich von einer Frau innerhalb eines einzigen reinen Zeitraums zwischen zwei Regelblutungen durch das mehrmalige Aussprechen der Scheidungsformel zu scheiden.

durch eine endgültige Scheidung eingeleitet wurde, kann der Mann seine Frau vor Ablauf der *Iddeh* auch ohne ihr Einverständnis zurücknehmen, wenn die Scheidungsworte eindeutig waren (*Talaqu Radsch'i*). Waren sie hingegen nicht eindeutig, aber mit Scheidungsabsicht gesprochen, muss eine neue Ehe geschlossen werden, der beide Ehepartner zustimmen (*Talaqul Ba'in*).

• Talaqu Sunni

Das Gegenteil des *Talaqul Bid'ah* ist der *Talaqu Sunni*. Dies ist die Scheidung nach dem Vorbild der *Sunneh*: Der Mann scheidet sich von seiner Frau in drei hintereinander folgenden *Tuhr*, in denen sie keinen Geschlechtsverkehr miteinander hatten, jedes Mal einmal mit dem *Talaqu Radsch'i*. Damit ist er bis zum Ablauf ihrer *Iddeh* insgesamt dreimal von ihr geschieden und die Scheidung ist damit endgültig und unwiderruflich.

Sich erneut mit der geschiedenen Ehefrau vermählen

Eine neuerlich Vermählung mir einer Frau, von der man sich (durch dreimalige Scheidung) endgültig und unwiderruflich trennte, ist nur möglich, wenn die folgenden vier Voraussetzungen gemeinsam erfüllt sind:

- Die Frau muss nach der Scheidung von ihrem Mann die Wartefrist *(Iddeh)* einhalten.
- Danach muss sie mit einem anderen Mann eine rechtsgültige Ehe eingegangen sein.
- In dieser Ehe muss sie mit ihrem neuen Mann Geschlechtsverkehr gehabt haben.
- Sie muss von ihrem neuen Ehemann rechtsgültig geschieden werden, oder dieser verstirbt oder die Ehe wird annulliert.

Solch eine Zwischenehe nennt man *Telil*. Damit diese Zwischenehe eine erneute Heirat mit dem vormaligen Ehemann legitimiert, muss die Frau diese Ehe freiwillig eingegangen sein. Außerdem muss die Absicht zu dieser Ehe auf beiden Seiten aufrichtig sein und es darf sich nicht um eine Zeitehe oder zeitlich befristete Ehe handeln.

Deshalb ist es verboten, eine Ehe einzugehen, die nur auf die Freisprechung für die Ehe mit dem vorherigen Ehemann abzielt und bei der eine spätere Scheidung schon vor der Eheschließung vereinbart wird.

Der Prophet (s.a.w.s.) sagte dazu:

„Allah verflucht den Legitimierenden [der Ehe mit dem vormaligen Ehemann] und den, der [die Ehe für sich] legitimieren lässt."[173]

Mahram und Nicht-*Mahram*

Als *Mahram* werden nur Personen bezeichnet, für die ein uneingeschränktes Eheverbot besteht. Frauen, für die nur ein zeitlich befristetes Eheverbot besteht, wie beispielsweise die Schwägerin, zählen nicht zum *Mahram*, sondern ebenso wie alle Personen die man uneingeschränkt heiraten darf zum Nicht-*Mahram*; sie gelten also islamrechtlich als Fremde.

Verbote im Umgang mit Personen des Nicht-*Mahram*

Folgende Dinge sind mit Nicht-*Mahram*-Personen des anderen Geschlechts nicht erlaubt:

• Berührungen aller Art, einschließlich des Handschlags zur Begrüßung
• Sich mit einem Nicht-*Mahram* des anderen Geschlechts alleine in einem Raum aufzuhalten *(Khalweh)*
• Die gemeinsame Reise mit einem Nicht-*Mahram* des anderen Geschlechts
• Betrachtung des Schambereichs *(Awreh)* von einem Nicht-*Mahram* des anderen Geschlechts

Bei Personen, die zum *Mahram* einer anderen Person zählen, sind die ersten drei Punkte erlaubt und zusätzlich darf der Mann den kompletten Körper einer Frau, die zu seinem *Mahram* zählt, betrachten, außer ihren Rücken, ihren Bauch und den Bereich zwischen ihrem Bauchnabel und ihren Knien.

---

173 Ebu Dawud: Nikah, 2076; Tirmidhi: Nikah, 28.

UNZUCHT

Unzucht *(Zina)* ist der Geschlechtsverkehr zweier nicht miteinander verheirateter Personen.

Unzucht ist im Islam strengstens verboten und zählt zu den großen Sünden. Unzucht wird im Edlen Quran als eine Schändlichkeit verurteilt:

„Und kommt der Unzucht nicht nahe; seht, das ist eine Schändlichkeit und ein übler Weg."[174]

Nicht nur die Unzucht selbst ist also verboten, sondern schon die bloße Annäherung an die Unzucht. Wie oben erwähnt ist alles *haram*, was zu *haram* führen könnte.

Der Prophet (s.a.w.s.) sagte dazu:

„Als Mumin (Gläubiger) begeht man keine Unzucht."[175]

Dies bedeutet, dass man solange noch keinen vollkommenen Glauben erreicht hat, bis man sich nicht gänzlich von der Unzucht fernhält.

Mit Unzucht ist großer Schaden verbunden: Sie führt zur Verbreitung ansteckender Krankheiten, macht es schwierig, die Abstammung einer Person nachzuvollziehen, führt zum Bruch innerhalb der Familien und zerstört Sitte und Moral innerhalb einer Gesellschaft.

---

174   El-Isra, Vers 32.
175   Muslim, 100.

Sexuelle Beziehungen zwischen Männern

Homosexualität ist eine Handlung wider die Natur des Menschen und *haram*. Der Edle Quran berichtet über das Schicksal so manches Volkes, das wegen seiner Homosexualität vom Erhabenen Allah bestraft wurde.[176]

Lesbische Beziehungen

Sexuelle Beziehungen zwischen Frauen sind genauso verboten wie sexuelle Beziehungen zwischen Männern.

Sodomie: Geschlechtsverkehr mit Tieren

Sodomie ist ein Verhalten wider die menschliche Natur und genauso verboten wie Homosexualität.

Analverkehr

Analverkehr ist im Islam nicht erlaubt und zählt zu den großen Sünden.

Der Prophet (s.a.w.s.) sagte dazu:

„Allah der Erhabene steht keinem Mann bei, der mit seiner Frau Analverkehr betreibt."[177]

Selbstbefriedigung *(Istimna)*

Die große Mehrheit der islamischen Rechtsgelehrten sagt, dass Selbstbefriedigung *haram* ist. Nur wenn Selbstbefriedigung dazu dient, größeren Schaden wie Unzucht, homosexuelle Handlungen oder Vergewaltigungen abzuwenden, wird sie von ihnen gebilligt. Manche Gelehrte sagen: Wenn man Selbstbefriedigung nicht der Lustempfindung, sondern der Linderung der sexuellen Energie wegen betreibt, dann besteht die Hoffnung, dass man dadurch nicht zum Sünder wird.[178]

---

176   Hud, 77-83
177   Sunen Ibn Madscheh: Nikah, 1923.
178   Reddul Muhtar, 2/399

Vom Alleinsein mit einer Person des anderen Geschlechts in einem Raum *(Khalweh)*

Es ist einer Person nicht gestattet, sich mit einer fremden Person (also einem Nicht-Mahram) anderen Geschlechts alleine in einem Raum aufzuhalten, der nicht für andere ohne weiteres einsehbar ist, denn die Gefahr dabei ist zu groß, dass die beiden von ihren Gefühlen übermannt werden und etwas Verbotenes tun. Außerdem könnte dies zu übler Nachrede von Seiten Dritter führen, wenn diese mitbekommen, dass sich zwei Fremde alleine in einem Raum aufgehalten haben.

Der Prophet (s.a.w.s.) sagte dazu:

„Wahrlich soll sich kein Mann mit einer (fremden) Frau alleine in einem Raum aufhalten, denn wahrlich, der Dritte im Bunde ist der Scheytan." [179]

Der Handschlag mit Personen des anderen Geschlechts

Es ist erlaubt, einer nahe verwandten Person des anderen Geschlechts *(Mahram)* die Hand zu schütteln, einer fremden Person des anderen Geschlechts hingegen nicht.

Bei Personen aus dem Kreis des eigenen *Mahram* ist es erlaubt, alle Körperstellen, die man betrachten darf, auch zu berühren. Im Umgang mit fremden Frauen gilt diese Regel aber nicht, da die Gefahr zu groß ist, dass aus einer Berührung mehr entsteht. So darf ein Mann zwar das Gesicht und die Hände einer fremden Frau betrachten – solange er dabei keine Wollust empfindet – anfassen darf er diese aber nicht. Nur Frauen, die so alt sind[180], dass sie keine Begehrlichkeiten mehr im Mann wecken, darf die Hand geschüttelt werden.[181]

---

179 Hakim: El-Mustedrak, 387.
180 Die meisten Gelehrten sagen, dass eine solche Frau mindestens 55 Jahre alt sein muss. Wenn sie aber auch in diesem Alter noch Begehrlichkeiten im Manne weckt, darf ihr dieser nicht die Hand geben.
181 Binaye, 9/253, Tebyin, 6/18. In der schafi'itischen Rechtsschule ist auch das Händeschütteln mit alten Menschen nicht erlaubt.

FAMILIE UND HAUSHALT

Adoption

Adoption ist im Islam nicht erlaubt, egal ob der Vater des Kindes bekannt ist oder nicht. Gründe dafür finden sich unter anderem im Erbrecht und weil die Gefahr einer Vermischung von *Mahram* und Nicht-*Mahram* besteht.[182] Es wird aber im Islam als äußerst verdienstvoll angesehen, sich um Waisen und schutzlose Kinder zu kümmern und diese – ohne Adoption – in die Familie aufzunehmen, ihnen Schutz zu geben und Geborgenheit zu spenden.

Hundehaltung

Sich einen Hund im Haus zu halten ist verboten. Außerhalb des Hauses dürfen Hunde aber als Jagd- oder Wachhunde gehalten werden.

Das Halten von Haustieren

Der Islam heißt es nicht gut, Tiere, die normalerweise in freier Wildbahn leben, ohne besonderen Grund in einen Käfig zu sperren. Falls es sich hierbei aber um bereits domestizierte Tiere handelt, ist dies unter der Voraussetzung gestattet, dass man sich ausreichend um diese Tiere kümmert und Hygiene bei ihrer Haltung walten lässt.[183]

Vom Schlafen zweier Personen in ein und demselben Bett

Wenn keine Notwendigkeit dafür besteht, dürfen weder zwei Männer noch zwei Frauen zusammen in ein und demselben Bett schlafen.[184]

---

182 Vgl. El-Ehzab, Vers 4f.
183 Ibn Abidin 9/662
184 Bahrul Raik, 8/232.

Vom Trennen der Kinderbetten

Am besten ist es, die Kinder schon ab dem siebten Lebensjahr in getrennten Betten schlafen zu lassen. Mit Erreichen des 10. Lebensjahres ist dies aber Pflicht *(wadschib)*. Dazu sagte der Gesandte (s.a.w.s.):

„Trennt ihre Schlafplätze, sobald sie zehn Jahre alt sind."[185]

SOZIALES LEBEN

Das *Du'a* (Bittgebet) für einen Nichtmuslim

Man darf zwar nicht für einen Nichtmuslim um Vergebung bitten, aber für seine Rechtleitung darf und soll man durchaus beten.[186]

Anderen gegenüber nachtragend sein

Es ist einem Muslim nicht gestattet, einem Glaubensbruder mehr als drei Tage lang eine Sache nachzutragen, außer wenn berechtigte Gründe dafür vorliegen.

Der Gesandte Allahs (s.a.w.s.) sagte dazu:

„Zürnt (einander) nicht und beneidet (einander) nicht und wendet (einander) nicht den Rücken zu! Seid, (o) Diener Allahs, Brüder! Einem Muslim ist es nicht erlaubt, seinem (Glaubens-)Bruder mehr als drei Tage aus dem Weg zu gehen."[187]

Einem Muslim ist es also nicht erlaubt, seinem Glaubensbruder länger als drei Tage etwas nachzutragen. Wenn die drei Tage vorüber sind und er seinen Bruder trifft, so muss er ihn begrüßen und sich ihm gegenüber freundlich verhalten, damit dieser weiß, dass man ihm seinen Fehltritt verziehen hat. Allah ist der Allverzeihende und liebt die Verzeihenden!

---

185 Tahtawi, S. 139. Ḥadith: Sunen Ebu Dawud: Salah, 495.
186 Ebd. 8/232.
187 Sunen Ebu Dawud: Edeb, 4910.

Sind zwei Personen unversöhnlich miteinander zerstritten, so ist es die Pflicht aller anderen Glaubensbrüder, zwischen den beiden zu vermitteln und einen Friedensschluss zwischen ihnen herbeizuführen.

Allah der Erhabene fordert alle Muslime zur Vermittlung zwischen zerstrittenen Parteien auf:

„Die Gläubigen sind Brüder. Darum stiftet unter euren Brüdern Frieden." [188]

Der Umstand, dass bei der Herbeiführung eines Friedensschlusses sogar die Lüge ein erlaubtes Mittel ist, zeigt, wie wichtig diese Angelegenheit ist.

Das Verspotten anderer

Es ist unter keinen Umständen erlaubt, sich über einen anderen Menschen lustig zu machen. Egal, ob es sich dabei um die Größe, die Figur, den Namen, die Herkunft oder die Hautfarbe eines Menschen handelt.

Im Edlen Quran heißt es dazu:

„O ihr, die ihr glaubt! Kein Volk soll über ein anderes spotten, vielleicht sind sie besser als jene, auch Frauen nicht über andere Frauen – vielleicht sind sie besser als jene. Verunglimpft einander nicht und gebt einander keine Schimpfnamen. Schlimm ist es, jemanden als sündhaft zu bezeichnen, nachdem er den Glauben angenommen hat, und wer es nicht bereut, tut Unrecht."[189]

---

188 El-Hudschurat, Vers 10.
189 El-Hudschurat, Vers 11. Wir sehen, dass in dieser Ayeh auch dem Rassismus eine klare Absage erteilt wird.

Argwohn

Ein Muslim sollte von seinem Bruder immer nur das Beste denken. Man darf erst dann argwöhnisch gegenüber einem Bruder sein, wenn man Beweise für seine Verdächtigungen hat. Dazu heißt es im Edlen Quran:

„O ihr, die ihr glaubt! Vermeidet häufige Vermutungen; denn manche Vermutungen sind Sünde."[190]

Und der Prophet (s.a.w.s.) sagte*:*

„Nehmt euch vor der Mutmaßung (Argwohn) in Acht! Denn wahrlich, die Mutmaßung ist das Verlogenste von allem Gerede."[191]

Die Bespitzelung der Mitmenschen

Anderen hinterher zu spionieren, ist *haram*. Einem Muslim ist es nicht erlaubt, das Geheimnis einer Person in die Öffentlichkeit zu tragen, wenn diese Person dies nicht will. Dazu heißt es im Edlen Quran:

„Und bespitzelt euch nicht und redet nicht hinter dem Rücken anderer schlecht übereinander."[192]

Die Aufgabe des Muslims ist es nicht, Verfehlungen anderer aufzudecken, sondern seine eigenen Fehler ausfindig zu machen und an der Behebung dieser Fehler zu arbeiten.

Üble Nachrede (*Ghibeh*)

Üble Nachrede ist es, wenn man hinter dem Rücken einer Person über diese spricht und es sie verletzen würde, wenn ihr dies zu Ohren käme. Im Edlen Quran wird die *Ghibeh* mit dem Essen des Fleisches eines toten Bruders verglichen.[193]

---

190 El-Hudschurat, Vers 12. Imam El-Ghazali nennt den Argwohn die „Verleumdung mit dem Herzen" und zählt ihn zu den großen Sünden.
191 Bukhari: Edeb, 5719.
192 El-Hudschurat, Vers 12.
193 El-Hudschurat, Vers 12.

Ebu Hurayra (r.a.) überliefert, dass der Gesandte (s.a.w.s.) seine Gefährten (r.a.) fragte:

„Wisst ihr, was Ghibeh ist?"
Sie antworteten:
„Allah und Sein Gesandter wissen es besser."
Da sagte er:
„Dass du etwas über deinen Bruder erzählst, das ihm nicht gefällt."
Da wurde er gefragt:
„Meinst du damit, dass ich etwas über meinen Bruder erzähle, das stimmt?"
Er antwortete:
„Wenn es zutrifft, was du über deinen Bruder erzählst, dann hast du Ghibeh gemacht, und wenn es nicht zutrifft, dann hast du ihn verleumdet." [194]

Umstände, unter denen *Ghibeh* erlaubt ist

Unter folgenden Umständen ist Ghibeh erlaubt:

- Wenn einem Unrecht angetan wurde und man sich bei den zuständigen Behörden darüber beschweren möchte
- Jemandem, der einen positiven Einfluss auf eine Person hat, vom schlechten Verhalten dieser Person zu erzählen, mit dem Ziel, dass er diese Person dazu bringt, dieses schlechte Verhalten in Zukunft zu unterlassen.
- Wenn man um ein Rechtsurteil fragt und dabei den Namen einer Person nennen muss (zum Beispiel bei einer Scheidung oder bei schlechtem Verhalten des Ehepartners)
- Wenn man über eine Person befragt wird – beispielsweise von einem potentiellen Ehepartner dieser Person – dann muss man wahrheitsgemäß Auskunft geben
- Wenn jemand unter einem Namen bekannt ist, dann darf man ihn auch bei diesem Namen nennen[195]

---

194 Muslim: Birr we Sileh, 2589.
195 Bei den Arabern ist es weit verbreitet, Leute mit ihren Besonderheiten zu benennen, wie zum Beispiel „der Blinde", „der Einäugige", „der Humpler" oder „der Bucklige".

- Sündigt jemand öffentlich, dann hat er seinen Schutz verloren und man darf davon jederzeit weitererzählen

Verleumdung *(Nemimeh)*

Üble Nachrede und Verleumdung durch die Verbreitung von Gerüchten ist im Islam strengstens verboten. Im Edlen Quran wird *Nemimeh* als Charakterschwäche verurteilt.[196] Der Prophet – Allahs Segen und Friede sei mit ihm – sagte dazu:

„Der Verleumder kommt nicht ins Paradies."[197]

BESITZ UND ERWERB

Verschwendung

Verschwendung bedeutet, von einer Sache mehr zu verbrauchen als notwendig ist. Dies ist im Islam verboten. Dazu heißt es im Edlen Quran:

„Esst und trinkt, doch überschreitet dabei nicht das Maß. Siehe, Er (Allah) liebt die Ausschweifenden nicht."[198]

Dinge, die im Islam als Verschwendung gelten

- Ausgaben für verbotene Dinge oder Taten,
- Ausgaben, die einer Person keinen Nutzen bringen,
- Ausgaben oder Spenden, die das gebührende Maß überschreiten und dazu führen, dass eine Person bedürftig und abhängig von anderen Leuten wird.[199]

---

196 El-Qalem, Verse 10-14.
197 Bukhari: Edeb, 5709.
198 El-E'raf, Vers 31.
199 Vgl. El-Isra', Verse 26-29; El-Baqarah, Vers 219.

Bestechung

Bestechung bedeutet, einem Amtsträger einen Vorteil zu verschaffen, um für sich selbst dadurch einen Vorteil zu erlangen. Im Islam sind alle Arten von Bestechung verboten, egal ob es sich dabei um die Gabe oder die Annahme eines Bestechungsgeschenks handelt.

Dazu heißt es im Edlen Quran:

„Und bringt einander nicht betrügerisch um Hab und Gut und bestecht damit nicht die Richter, um einen Teil des Vermögens der Leute widerrechtlich an euch zu bringen, obwohl ihr es (besser) wisst."[200]

Abdullah Bin Amr (r.a.) überliefert dazu folgende Hadith:

„Der Gesandte Allahs (s.a.w.s.) verfluchte den Geber und den Empfänger von Bestechungsgeschenken."[201]

Diebstahl

Diebstahl ist im Islam strengstens verboten und zählt zu den großen Sünden.

Prämien für gesammelte Gutscheine

Gutscheine zu sammeln und einzulösen ist unter folgenden Voraussetzungen erlaubt:

- Der Preis der Ware, die man kauft, darf sich aufgrund des Gutscheins, den man dazu erhält, nicht erhöhen.
- Für den Gutschein und die Prämie darf keine zusätzliche Bezahlung erfolgen.
- Die Ware, die man für die Gutscheine erhält, darf nicht *haram* sein.

Es ist also nicht erlaubt, für Lebensmittel oder Gebrauchsgegenstände, deren Konsum oder Benutzung *haram* ist, Gutscheine zu

---

200 El-Baqarah, Vers 188.
201 Sunenu Tirmidhi: Ehkam, 1337.

sammeln. Genauso wenig darf man Prämien von Zeitungen oder Zeitschriften entgegennehmen, die ihr Geld durch die Veröffentlichung von Nacktbildern oder Ähnlichem verdienen.

Anstößige Publikationen

Der Kauf anstößiger Publikationen ist nicht erlaubt. Dazu zählen alle Arten von Zeitungen, Illustrierten und Büchern, die Nacktbilder enthalten, unzüchtiges Verhalten verherrlichen oder Alkohol- und Drogenkonsum verharmlosen. Der Konsum solcher Veröffentlichungen unterstützt die Verbreitung unmoralischen Verhaltens und untergräbt das Fundament der Gesellschaft. Dadurch wird man mitverantwortlich am Verfall von Sitte und Moral innerhalb der Gesellschaft.

Quittungen

Sich Belege für Leistungen ausstellen zu lassen, die man gar nicht erhalten hat oder Quittungen anderer Personen bei der Steuererklärung einzureichen, ist Betrug und daher nicht erlaubt.

Fahrtkostenrückerstattung

Wenn man beim Finanzamt eine falsche Entfernung zwischen Wohnung und Arbeitsplatz angibt, so ist dies Betrug und genauso wenig erlaubt wie das Einreichen von Quittungen anderer.

Erwerb von Diebesgut

Es ist nicht erlaubt, Waren zu kaufen, von denen man weiß, dass sie gestohlen wurden. Dadurch unterstützt man Diebstahl und Hehlerei.

Der Prophet (s.a.w.s.) sagte:

„Wer wissentlich Diebesgut erwirbt, beteiligt sich an seiner (des Diebes) Sünde und Schande."[202]

---

202 Dschami'u Saghir, 6/64.

Zu Unrecht erworbene Dinge

Wenn eine Sache zu Unrecht erworben wurde, so muss man diese ihrem eigentlichen Besitzer aushändigen. Ist der Besitzer schon verstorben, übergibt man die Sache dessen Erben. Wenn man nicht weiß, wer der wahre Besitzer ist, so soll man das zu Unrecht erworbene Gut in seinem Namen an bedürftige Menschen spenden.

Als er von einer Beerdigung zurückkam, wurde der Prophet (s.a.w.s.) zu einem Essen eingeladen, das von einer Frau vom Stamm der Quraysch ausgegeben wurde. Als man ihm berichtete, dass der ihm servierte Braten haram sei, sagte er:

„Nehmt das weg und gebt es den Gefangenen."[203]

Wenn die zu Unrecht erworbene Sache öffentliches Eigentum ist, dann sollte sie an öffentliche Einrichtungen gespendet werden, von denen alle profitieren, wie beispielsweise Moscheen, Schulen oder Krankenhäuser. Anschließend muss man die Tat aufrichtig bereuen (Tewbeh).[204]

Fundsachen

Gegenstände oder Gelder an sich zu nehmen, die man irgendwo findet, ist manchmal erlaubt (mubah), manchmal empfohlen (mendub oder mustehabb), manchmal verpflichtend (wadschib) und manchmal verboten (haram):

- Es ist erlaubt, eine Fundsache an sich zu nehmen, wenn der Verdacht besteht, dass die Sache sonst endgültig verloren geht oder verdirbt, wenn man sie liegen lässt.
- Ist die Wahrscheinlichkeit groß, dass die Fundsache endgültig verloren geht oder verdirbt, ist es empfohlen, diese an sich zu nehmen.

---

203 Tirmidhi: Sawm, 3.
204 Ihya, 2/217.

- Ist man sich ganz sicher, dass die Fundsache endgültig verloren geht oder verdirbt, wenn man sie liegen lässt, dann ist es wadschib, diese an sich zu nehmen.

Fundsachen an sich zu nehmen, um diese zu behalten, ist haram.

Wenn man eine Sache oder Geld findet, so muss man sich Zeugen dafür suchen, die bestätigen, dass man das Fundstück an sich genommen hat. Danach muss man in der näheren Umgebung der Fundstelle bekannt geben, dass man diese Sache gefunden hat. Wie lange man dies bekannt zu geben hat, richtet sich nach dem Wert der Fundsache: Beträgt ihr Wert weniger als zehn Dirham, so genügen einige Tage, beträgt der Wert mehr als zehn Dirham, so muss man den Fund ein ganzes Jahr lang bekannt geben.[205]

Der Finder muss das Fundstück so aufbewahren, dass es nicht verdirbt. Verdirbt es ohne dessen Verschulden,, so muss er nicht für den Schaden aufkommen, sonst schon. Hierbei gelten die gleichen Regeln wie für anvertrautes Gut (Emaneh).

Nach Ablauf der Aufbewahrungsfrist sollte der Finder die Fundsache an Bedürftige spenden, da es unwahrscheinlich ist, dass der Besitzer noch danach sucht und weil ein weiteres Aufbewahren der Fundsache dazu führen würde, dass diese einem „toten Kapital" gleichkommt, und eine Sache nicht zu nutzen ist auch eine Art von Verschwendung. Ist der Finder selbst ein Bedürftiger, so kann er die Fundsache behalten und für sich selbst nutzen.

Die Vermietung von Geschäftsräumen
Es ist nicht erlaubt, Geschäftsräume an Personen zu vermieten, die darin Dinge tätigen, die islamrechtlich verboten sind. Denn dadurch trägt man zur Verbreitung von Verbotenem bei.

---

205 Vgl. El-Lubab fi Scherhil Kitab, II/119 f. Ein *Dirham* ist eine Silbermünze, die ca. drei Gramm wiegt. Ist eine Sache verderblich, dann muss sie nicht ein ganzes Jahr lang aufgehoben werden, sondern soll schon vorher gespendet werden, da das Verderbenlassen dieser Sache Verschwendung und damit *haram* ist.

Die Bürgschaft gegen Bezahlung

Es ist nicht gestattet, einen Bürgen zu bestellen, der für die geleistete Bürgschaft eine Gegenleistung verlangt. Nur wenn man auf eine Bürgschaft unbedingt angewiesen ist, weil sonst ein Geschäft nicht zustande kommt oder Verluste drohen, darf ausnahmsweise auch eine Bürgschaft einer Person in Anspruch genommen werden, die dafür eine Gegenleistung fordert.

Vom Almosengeben einer Frau aus dem Besitz ihres Mannes

Eine Frau darf Dinge aus dem Besitz ihres Ehemannes spenden, wenn deren Wert nicht die Grenzen ortsüblicher Almosen überschreitet und der Ehemann sich nicht explizit dagegen ausgesprochen hat. Überschreitet der Wert einer Sachspende aber den Wert einer ortsüblichen Spende, ist dazu das Einverständnis des Ehemannes erforderlich.

Der Verkauf veralteten Stiftungsinventars

Die Einrichtung einer Moschee oder einer anderen Stiftung darf nur verkauft werden, wenn sie so alt oder abgenutzt ist, dass sie für die Stiftung nicht mehr von Nutzen ist. Voraussetzung hierfür ist aber, dass der Erlös des Verkaufs dieser Gegenstände angemessen ist und man mithilfe dieses Erlöses einen bestmöglichen Ersatz für die verkauften Gegenstände beschafft.

Die Entnahme von Geld- oder Sachmitteln aus dem Besitz der eigenen Kinder

Ein Vater darf aus dem Besitz seiner Kinder Geld- oder Sachmittel entnehmen, um damit notwendige Ausgaben zu decken, auch ohne die Kinder vorher um Erlaubnis zu bitten. Sind die Kinder aber dagegen, dann darf er nur so viel aus deren Besitz entnehmen, wie absolut notwendig ist. Sind die Kinder aber großzügig, dann darf der Vater auch mehr nehmen.

Annahme von Einladungen von Personen, deren Vermögen aus Geschäften stammt, die islamrechtlich verbotenen Geschäften sind

Der Einladung einer Person, deren Vermögen zu mehr als der Hälfte verbotener Herkunft ist, darf nicht nachgekommen werden. Weiß man aber, dass der Gastgeber die Kosten der Einladung aus dem Teil seines Vermögens deckt, den er legal erworben hat, dann darf man seine Einladung annehmen.

Andersherum darf man die Einladung einer Person annehmen, wenn man weiß, dass weniger als die Hälfte ihres Vermögens verbotener Herkunft ist. Weiß man aber, dass sie die Kosten der Einladung aus dem Teil ihres Vermögens deckt, den sie auf verbotene Weise erwirtschaftet hat, darf man ihrer Einladung nicht nachkommen.

DAS GESCHÄFTSLEBEN

Haram bei Kaufgeschäften

Bei Kaufgeschäften sind folgende Dinge *haram*:

• Verkauf von unreinen oder verunreinigten Dingen

Der Verkauf von Wein, Schweinefleisch, dem Fleisch von Tieren, die nicht nach den islamischen Vorschriften geschlachtet wurden, Blut oder anderen Dingen, deren Konsum einem Muslim nicht gestattet ist, ist verboten. Ebenfalls nicht erlaubt ist es, Lebensmittel wie Olivenöl oder Honig zu verkaufen, die zum Beispiel durch Alkohol oder Blut verunreinigt wurden und nicht mehr von der Verunreinigung zu befreien sind. Nur wenn das verunreinigte Öl zum Gerben von Leder oder als Brennstoff für Öllampen – allerdings außerhalb von Gebetshäusern – verwendet wird, darf es verkauft werden.[206]

---

206 El-Fiqhul Islami, 4/446. Nach der schafi'itischen Rechtsschule darf das verunreinigte Öl unter keinen Umständen weiterverkauft werden.

- **Geschäfte mit jemandem, dessen Vermögen auf verbotene Weise zustande gekommen ist**

Wenn der Großteil der Einkünfte oder des Besitzes eines Muslims auf verbotene Art und Weise zustande gekommen ist, darf man mit ihm keine Geschäfte machen. Ist aber nur ein Teil davon auf verbotene Weise zustande gekommen, ist es erlaubt, mit ihm Geschäfte zu machen, sofern sich keine Alternative dazu finden lässt.

An- und Verkauf von Aktien

Der Kauf und Verkauf von Aktien von Firmen, die ihr Geld mit Waren oder Dienstleistungen verdienen, die nicht den islamischen Geboten widersprechen, ist erlaubt. Verdient aber eine Firma am Kauf oder Verkauf von Waren oder Dienstleistungen, die nicht den islamischen Geboten entsprechen, dann ist auch der Kauf und Verkauf der Aktien dieser Firma verboten.

Kaution

Wenn eine Kaution hinterlegt wird, um das Zustandekommen eines Geschäftes zu sichern oder ein bestehendes Geschäft abzusichern, so ist dies erlaubt, wenn nach Vollendung der Geschäftsbeziehungen die Kaution in voller Höhe wieder zurückerstattet wird. Wird bei Abschluss eines Geschäftes festgelegt, dass eine zu zahlende Kaution nach Abschluss der Geschäftsbeziehungen nur teilweise oder gar nicht zurückbezahlt wird, so ist dies nicht erlaubt.

Lockgebote bei Auktionen und Preistreiberei beim Handel

Wenn jemand bei einer Auktion oder bei einem Handel den Preis künstlich in die Höhe treibt, ohne dass er die Ware kaufen möchte, dann nennt man dies Preistreiberei. Dies ist im Islam verboten, denn der Gesandte (s.a.w.s.) sagte:

„Treibt die Preise nicht künstlich in die Höhe!"[207]

---

207 Sunenu Tirmidhi: Buyu, 1304.

Geschäfte gegen aufgeschobene Zahlungen

Im Islam sind sowohl Geschäfte gegen Barzahlung als auch Geschäfte mit Zahlungsfrist erlaubt. Denn im Edlen Quran heißt es:

„O ihr, die ihr glaubt, wenn es bei euch um eine Schuld auf einen bestimmten Termin geht, so schreibt es auf!"[208]

In der Interpretation zu diesem Vers heißt es, dass sich dies nicht nur auf zeitlich befristete Geschäfte (Termingeschäfte) bezieht, sondern auch auf Vorauszahlungen, Ratenzahlungen und Darlehen.[209]

Und unsere Mutter Aischa (r.a.) sagte:

„Wahrlich, der Prophet (s.a.w.s.) kaufte von einem Juden Nahrungsmittel auf Kredit und gab ihm seine Rüstung als Pfand dafür."[210]

Aufpreis für Laufzeitunterschiede bei befristeten Zahlungsgeschäften

Der Aufpreis für Laufzeitunterschiede bei befristeten Zahlungsgeschäften ist gestattet. Es gibt seit jeher den Brauch unter Händlern, für Waren, deren Zahlung aufgeschoben wird, einen höheren Preis zu verlangen als bei Sofortzahlung.

Zwar ist die Frist nichts, was man kaufen oder verkaufen kann, und man kann allein für die Frist kein Preis verlangen. Aber man kann beim Verkauf einer Ware implizit die Zahlungslaufzeit mit einkalkulieren; da der Händler den Preis für die Ware später erhält, kann er einen Aufpreis verlangen. Wichtig ist es, dass sich beide Seiten auf einen Preis einigen. Hierbei muss der endgültige Preis entweder für den Käufer sichtbar gekennzeichnet sein oder diesem mündlich (z.B. an der Kasse) mitgeteilt werden.

---

208 El-Baqarah, Vers 282.
209 Ehkamul Quran, 1/483.
210 Bukhari: Rehn, 2374.

Beispiel: Jemand der seine Ware für 100 Euro verkaufen will, kann sie bei aufgeschobenen Zahlungen für 120 Euro verkaufen. Hier ist der Zahlungsunterschied von 20 Euro nicht direkt für die Zeit, in der der Händler auf sein Geld warten musste, veranschlagt. Das heißt: Es wurden nicht 100 Euro für die Ware und 20 Euro für die Frist gezahlt, in welcher der Verkäufer auf sein Geld warten musste; sondern der Händler schlägt den Preis auf die Ware, weil er damit rechnet, dass er das Geld verspätet erhält.

Gewinnspanne

Weder im Edlen Quran, noch in der *Sunneh*, noch in der Geschäftspraxis der Gefährten (r.a.) des Propheten (s.a.w.s.) wurden feste Gewinnspannen festgelegt. Die Preisgestaltung wurde ganz bewusst dem freien Spiel der Marktkräfte überlassen. Eine Gewinnspanne, bei der ein bestimmter Prozentsatz festgelegt wird, ist nicht zu jeder Zeit und an allen Orten gleich gerechtfertigt. Daher überlässt man dies am besten dem Zusammenspiel von Angebot und Nachfrage. Liegt der Preis der Ware aber erheblich über dem üblichen Marktpreis an jenem Ort, an dem sie verkauft wurde und war dies dem Käufer zum Zeitpunkt des Kaufes nicht bekannt, darf er die Ware zurückgeben.

Vorauszahlungen *(Aqdu Selem)*

Mit *Aqdu Selem* bezeichnet man Vorauszahlungen für Waren, die erst später ausgeliefert werden.[211] Dadurch fließt dem Verkäufer das notwendige Kapital zu, um eine Ware einkaufen oder produzieren zu können. Auch der Käufer hat einen Nutzen von diesem Geschäft, denn dadurch hat er Preissicherheit und hat sich vor eventuellen Preisschwankungen auf den Märkten abgesichert. Beispiel: Eine deutsche Großbäckerei kauft 50 Tonnen kanadischen Weizens von einem Großhändler. Sie bezahlt den börsennotierten Tagespreis und vereinbart eine Lieferfrist von 30 Tagen. Der Großhändler hat genügend Kapital zur Hand, um das Getreide in Kanada einkaufen zu können, und der Bäcker hat sich vor Preisschwankungen an den Rohstoffbörsen abgesichert.

---

211 Medschelleh, 122.

Vorauszahlungsgeschäfte sind aber nur für Waren zulässig, die frei und in gleichbleibender Qualität auf den Märkten gehandelt werden.

Für die Gültigkeit des Geschäftes ist es erforderlich, dass Eigenschaften der Ware wie Sorte und Güteklasse sowie Lieferort und Lieferzeit vertraglich festgelegt werden und der Kaufpreis an Ort und Stelle bezahlt wird.[212]

Bestellungen/Anfertigungen

Als Bestellung bezeichnet man eine Vereinbarung, bei der Handwerker beauftragt werden, einen bestimmten Gegenstand anzufertigen.[213] Beispiel: Man sagt zu einem Schreiner: „Fertige mir einen Schrank mit diesen und jenen Maßen aus Eichenholz an." Wenn der Schreiner den Auftrag akzeptiert, ist dadurch ein Vertrag zustande gekommen. Bei einer Bestellung muss weder etwas angezahlt, noch ein Abgabetermin vereinbart werden.

Nach Imam Hanifeh (rah.) und Imam Muhammed (rah.) ist eine Bestellung gleichbedeutend mit einem Vertragsabschluss, bei dem man die Ware noch nicht besichtigt hat. Deshalb hat der Käufer das Recht, vom Vertrag zurückzutreten, wenn er die Ware besichtigt und nicht mit deren Beschaffenheit einverstanden ist.

Nach Ebu Yusuf (rah.) hat der Käufer hingegen nicht das Recht, vom Vertrag zurückzutreten, nachdem er die Ware besichtigt hat und diese nach den vereinbarten Vorgaben angefertigt worden ist. Die *Fetwa* wird bevorzugt nach Ebu Yusuf (rah.) ausgesprochen.

An- und Verkauf von Wohnungen, die geplant, aber noch nicht gebaut wurden

Wenn es ausdrücklich vertraglich festgelegt wurde, dann ist der An- und Verkauf von Wohnungen, deren Bau zwar schon geplant, aber noch nicht ausgeführt worden ist, erlaubt.

---

212 Fiqhul Islami, 4/597; Reddul Muhtar, 5/209.
213 Medschelleh, 124.

Wurde der Kaufpreis bereits im Voraus entrichtet und ein fester Übergabetermin für die Wohnung vereinbart, dann fällt dieser Vertrag islamrechtlich unter die Kategorie *Selem*. Wenn keine Anzahlung erfolgte und auch kein fester Übergabetermin vereinbart wurde, dann handelt es sich islamrechtlich um eine Bestellung.

Das Horten von Waren, um deren Preis in die Höhe zu treiben *(Ihtikar)*

Mit *Ihtikar* bezeichnet man das Zurückhalten von Lebensmitteln, um eine künstliche Verknappung am Markt herbeizuführen und dadurch den Preis dieser Lebensmittel in die Höhe zu treiben. Ist dann der Preis gestiegen, so verkauft derjenige, der die Lebensmittel zurückgehalten hat, mit großem Gewinn. Dies ist *mekruh tahrimen*.

Der Prophet (s.a.w.s.) sagte dazu:

„Wer 40 Tage lang Lebensmittel vor meiner Gemeinschaft zurückhält und diese danach spendet, dessen Spende wird nicht angenommen werden."[214]

Und in einer anderen Überlieferung heißt es:

„Niemand hortet, außer einem Sünder."[215]

Entsteht der Gemeinschaft schon vorher Schaden durch das Horten der Waren, dann muss man der Händler die Waren so schnell als möglich auf dem Markt anbieten.

Nach Imam Hanifeh (rah.) bezieht sich der Begriff *Ihtikar* ausschließlich auf Lebensmittel, nach Imam Muhammed (rah.) sowohl auf Lebensmittel als auch auf Kleidung, und nach Imam Ebu Yusuf (rah.) auf alle Dinge, deren Zurückhalten der Bevölke-

---

214 Tukhfetul Ehwedhi: Interpredation zur Hadith 1268 von Sunenu Tirmidhi: Buyu, S. 405.
215 Sunenu Tirmidhi: Buyu, 1267.

rung Schaden bringt.[216] Die Fetwa wird hierbei nach Imam Ebu Yusuf (rah.) erteilt.

Wenn jemand aber Produkte vom Markt fernhält, die er selbst angebaut hat, um sie zu einem günstigen Zeitpunkt zu verkaufen, gilt das nicht als *Ihtikar*. Denn die Öffentlichkeit hat keinen Anspruch darauf, dass der Bauer seine Waren zum günstigsten Preis anbietet. In Notsituationen gilt aber auch das Zurückhalten selbstangebauter Waren als *mekruh*.[217]

Von der Beschäftigung einer Sekretärin
Eine Geschäftsfrau darf jederzeit eine Sekretärin beschäftigen. Ein Mann hingegen darf nur Frauen als Sekretärinnen beschäftigen, die zu seinem *Mahram* gehören.

Sich einen Rechtsanwalt nehmen
Es spricht nichts dagegen, sich einen Rechtsbeistand zu nehmen, um seine Rechte einzuklagen.

Ungerechtfertigte Krankmeldungen
Ein Gesunder darf sich nicht krankschreiben lassen. Diese Art von Betrug beinhaltet gleich mehrere Arten von Unrecht: Man lügt, erschleicht sich Krankengeld und hemmt zusätzlich das Funktionieren der Gesellschaft, wenn dadurch notwendige Arbeitsabläufe ins Stocken geraten.

GELD UND VERLEIH

Darlehen *(Qard)*
Mit *Qard* bezeichnet man Darlehen oder Leihgaben, die jemand allein aus dem Grund vergibt, die Zufriedenheit Allahs zu erlangen.

---

216 In der schafi'itischen Rechtsschule ist nur das Horten von Lebensmitteln verboten.
217 Hukuki Islamiyye Kamusu, 6/123.

Voraussetzungen, die der Verleiher mitzubringen hat:

- Er muss bei klarem Verstand und rechtsfähig sein
- Er muss der Besitzer der Leihgabe oder dazu berechtigt sein, das Gut zu verleihen
- Kleine Kinder und geistig Behinderte dürfen also kein Geld und keine Gegenstände verleihen, und Erziehungsberechtigte von Kindern und geistig Behinderten dürfen deren Besitz nicht an andere verleihen.

Voraussetzungen, die für das zu verleihende Gut gelten

- Die Leihgabe muss eine Ware sein, die auf dem Markt gehandelt wird
- Es muss also ein vergleichbares Gut auf dem Markt erhältlich und somit der Wert des Gegenstandes klar bestimmbar sein. Deshalb dürfen Unikate nicht als Leihgabe vergeben werden. Denn Einzelstücke können weder ersetzt, noch ihr Wert richtig eingestuft werden, um diesen gegebenenfalls zurückzuerstatten.[218]
- Die Leihgabe muss auch tatsächlich dem Ausleiher ausgehändigt werden
- Die Fristeinhaltung bei der Rückgabe der Leihgabe ist beim *Qard* nicht rechtlich, sondern moralisch bindend.
- Der Verleiher darf die Leihgabe nicht aus Eigennutz vergeben, weil er sich davon einen Vorteil verspricht, sondern seine Absicht muss die Zufriedenheit Allahs sein. Der Prophet (s.a.w.s.) sagt: *„Jede Leihgabe, die (dem Verleiher) einen Vorteil verschafft, ist Zins."*[219]

Wenn aber eine Vorteilsnahme des Verleihers nicht vorausgesetzt wird und wenn eine Vorteilsnahme nicht zur Gewohnheit wird, so gibt es daran nichts auszusetzen.[220]

---

218 In der schafi'itischen Rechtsschule ist das Verleihen von Einzelstücken und Dingen, die nicht auf den Märkten gehandelt werden, erlaubt.
219 Beyhaqi: Sunenul Kubra, 10933.
220 Hukuki Islamiyye Kamusu, 6/ 95; Reddul Muhtar, 4/343.

Der Geldwechsel *(Sarf)*

Sarf bedeutet wörtlich *„Geldwechsel, Tausch, Tauschgeschäft".* Im islamischen Recht bedeutet *Sarf* den Umtausch von Gold, Silber oder Bargeld in sich selbst oder in eine der beiden anderen Wertaufbewahrungsmöglichkeiten oder in eine fremde Währung. Beispiel: Gold kann in Gold, in Silber, in Euro oder in Fremdwährungen umgetauscht werden.

Damit ein Umtausch islamrechtlich korrekt verläuft, müssen folgende Voraussetzungen erfüllt sein:

- Beide Werte/Währungen müssen unmittelbar am Vertragsort ausgetauscht werden
- Wenn Gleiches mit Gleichem getauscht wird (z.B. Gold gegen Gold), muss die Menge der getauschten Güter exakt die Gleiche sein
- Es darf kein Rückgaberecht bei Vertragsschluss vorausgesetzt werden

Zinsen *(Riba)*

Zins ist ein Überschuss, der beim Austausch von Waren erzielt wird, ohne dass dafür eine Gegenleistung erbracht wird.[221]

Alle Arten von Zins sind *haram*. Diesbezüglich heißt es im Edlen Quran:

„Allah hat den Handel erlaubt, aber den Zins verboten."[222]

Abdullah Bin Mes'ud (r.a.) berichtete:

„Der Gesandte Allahs (s.a.w.s.) verfluchte denjenigen, der Zinsen nimmt und denjenigen, der Zinsen zahlt und denjenigen, der dies bezeugt und denjenigen, der dies niederschreibt."[223]

---

221 Fiqhul Islami, 4/668.
222 El-Baqarah, Vers 275.
223 Sunen Ebu Dawud: Buyu, 3333.

Die Zinsarten

Zinsen werden in zwei Gruppen unterteilt: Zinsen, die für die Aufnahme von Schulden bezahlt werden (Darlehenszins) und Zinsen, die beim Kauf von Handelswaren bezahlt werden (Handelszins).

• Darlehenszins

Als Darlehenszins bezeichnet man den vertraglich vereinbarten Überschuss, den der Darlehensnehmer bei Rückzahlung des Darlehens an den Darlehensgeber, zusätzlich zu der ausgeliehenen Summe, entrichten muss. In der vorislamischen Zeit war es üblich, Geld zu verleihen, wenn dafür Zinsen bezahlt wurden. Wurde dabei die Laufzeit des Kredits verlängert, so erhöhte man den Zinssatz, der auf den Kredit aufgeschlagen wurde, und so erhöhte sich dann auch der Betrag, der zurückbezahlt werden musste. Dabei überstieg die Summe der Zinszahlungen manchmal den Betrag des Darlehens um ein Mehrfaches, und die Schuldner waren nicht in der Lage, ihre Schulden zurückzubezahlen und gingen bankrott. Dies ist der historische Hintergrund, warum Allah der Erhabene im Edlen Quran alle Arten von Zins verboten hat.

• Handelszins

Der Handelszins wird nochmals in zwei Untergruppen unterteilt: Überschusszins und Aufschlag für ein Zahlungsziel, also für eine spätere Bezahlung einer Ware:

• Überschusszins *(Ribal Fadl)*

Dies ist der Austausch zweier Sachen gleicher Gattung, wobei ein Zuwachs bei einer dieser beiden Sachen, aber keine Verzögerung der Inbesitznahme stattfindet. Güter gleicher Gattung dürfen nur getauscht werden, wenn beide Güter das gleiche Gewicht oder Hohlmaß haben. Beispiel: Es werden 100 Gramm Goldschmuck gegen Goldmünzen im Gewicht von 110 Gramm getauscht (hier ist die Illeh[224] die gleiche Gattung: Gold gegen Gold). Es fand also ein Überschuss von 10 Gramm Gold statt, dies ist der verbotene Zinsgewinn. Ebenso entsteht ein Überschusszins, wenn man zwei Sachen gleicher Gattung aber unterschiedlicher Qualität gegeneinander tauscht (z.B. Futterweizen gegen Brotweizen, oder verschiedenen Qualitäten von Baumwollstoffen), deshalb ist dies ebenfalls nicht erlaubt.

- **Verzugszins und Zins im Austausch für die Gewährung einer Zahlungsfrist *(Riba Nesi'eh)***

Bei *Riba Nesi'eh* bezahlt der Schuldner mehr zurück als er sich zuvor ausgeliehen hat, entweder weil er sich nicht an die Zahlungsfrist gehalten hat oder weil der Zins als Austausch für den gewährten Zahlungsaufschub bereits vertraglich festgelegt wurde. In beiden Fällen ist dies *haram*.

Zu *Riba Nesi'eh* zählt ebenfalls, wenn man zwei Sachen gleicher Art und/oder gleichen Gewichts (oder gleichen Hohlmaßes) gegeneinander tauscht und dabei die Übergabe (*Teqabud*) der beiden Tauschgegenstände nicht gleichzeitig erfolgt, sondern einer der beiden Tauschgegenstände erst später ausgehändigt wird. Beispiel: Tauscht man ein Kilo Gerste gegen ein Kilo Weizen, so muss der Austausch unmittelbar erfolgen (hier ist die *Illeh* das Gewicht: Tausch von einem Kilo gegen ein Kilo), weil sich sonst während des Zeitraums bis zur Übergabe des anderen Gutes der

---

224 *Illeh* bedeutet „Ursache, Anlass, Begründung". *Illeh* ist eine Ursache für das Zustandekommen eines islamischen Rechtsurteils *(Hukm)*. Mit der *Illeh* wird ein *Hukm* begründet. Ist die *Illeh* vorhanden, so kommt es zu einem Urteil; ist die *Illeh* nicht vorhanden, so kommt es zu keinem Urteil. Beispiel: Das Zinsverbot bei Kaufgeschäften gründet darauf, dass zwei Dinge gleicher Art nicht mit Überschuss gegeneinander ausgetauscht werden dürfen. Die gleiche Art und das gleiche Gewicht bzw. das gleiche Hohlmaß ist also die *Illeh*. So darf Gold gegen Gold nicht mit Überschuss getauscht werden wegen des Vorhandensein der *Illeh* Gold. Gold oder Silber dürfen aber mit Gewinn gegeneinander ausgetauscht werden, weil hier die *Illeh*, die ein Verbot begründet nicht vorhanden ist.

Marktpreis eines oder beider Güter geändert haben könnte und dadurch ein Überschuss (*Riba*) entstehen könnte[225].

Dinge, die von Zinsen betroffen sind

Dinge, die von Zinsen betroffen sind und in der Hadith namentlich erwähnt werden, sind: Gold, Silber, Weizen, Gerste, Datteln und Salz.

Ubadeh Bin es-Samit (r.a.) überliefert, dass *Riba* auf die sechs folgenden Dinge ausdrücklich verboten ist:

„Gold gegen Gold, Silber gegen Silber, Weizen gegen Weizen, Gerste gegen Gerste, Datteln gegen Datteln und Salz gegen Salz, gleiche Art gegen gleiche Art, gleiches Maß gegen gleiches Maß, von Hand zu Hand[226]. Wenn sich diese Güter (untereinander) vertauschen, dann tauscht, wie ihr wollt, solange dies von Hand zu Hand geschieht."[227]

Nach mehreren prophetischen Überlieferungen gilt der Überschuss, der beim Austausch der – in der oben aufgeführten Hadith – genannten Dinge erzielt wird, als Zins, selbst wenn diese unterschiedlicher Qualität sind.

Viele andere Güter wurden per Analogieschluss (Qiyas) von den Mudschtehids[228] in das Zinsverbot für diese sechs Güter mit einbe-

---

225 Beispiel: Bei Abschluss eines solchen Geschäfts beträgt der Preis für ein Kilo Weizen und ein Kilo Gerste jeweils einen Euro. Es wird vereinbart, den Weizen sofort, die Gerste aber erst in einem Monat in Besitz zu nehmen. Einen Monat später kostet aber die Gerste nur noch 90 Cent pro Kilogramm. So wurde also ein Überschuss von 10 Cent erzielt, was einem Zins von 10 Prozent entspricht.

226 Von Hand zu Hand bedeutet, dass beide Güter noch am Vertragsort ausgetauscht werden müssen.

227 Muslim: Musaqat, 1587.

228 Ein Mudschtehid ist ein religiöser Gelehrter, der über das notwendige Fachwissen verfügt, um – unter anderem – religiöse Rechtsurteile qualifiziert zu interpretieren, zu fällen oder auf ähnliche Fälle zu übertragen.

zogen. Entscheidend dabei ist die *Illeh*[229], die bei dem Vergleich herangezogen wird.

Begründung *(Illeh)* für die Bewertung des Zinses als *haram*

Die Begründung *(Illeh)* dafür, dass Zins bei Gold und Silber, Weizen, Gerste, Datteln und Salz verboten ist, liegt in der Gleichheit der Art und der gemeinsamen Maßeinheit. So darf also Gleiches gegen Gleiches nur in gleichen Maßeinheiten (Gewicht oder Volumen[230]) ausgetauscht werden. Ein Fass Weizen darf also nur gegen ein Fass Weizen ausgetauscht werden, egal ob der eine Weizen von höherer Qualität ist als der andere oder nicht. Die Bewertung *(Illeh)* des *Riba Nesi'eh* als verboten ergibt sich entweder aus der Gleichheit der Art oder der Gleichheit von Maßeinheiten (also Gewicht oder Volumen).[231]

Zinserträge für Gold, die unterhalb der Inflationsrate liegen

Es ist nicht erlaubt, sein Geld für Zinserträge zu verleihen - selbst wenn diese unter der Inflationsrate liegen - oder in Gesellschaften, wie Banken oder Versicherungen, bei denen feste Zinssätze gezahlt werden, zu investieren.

Goldankauf und -verkauf bei späterer Bezahlung

Der Goldankauf und -verkauf auf Kredit ist nicht gestattet. Denn nach den Regeln für Wechselgeschäfte (*Sarf*; siehe weiter oben in diesem Buch) müssen bei Wechselgeschäften beide Güter von Hand zu Hand, also ohne zeitliche Verzögerung, ausgetauscht werden, sonst entsteht dabei *Riba Nesi'eh*.

---

229 Also beispielsweise gleiche Art gegen gleiche Art oder gleiches Gewicht gegen gleiches Gewicht.

230 Damit ist das Volumen gemeint, in dem eine Sache gemessen wird, beispielsweise Liter oder Kubikmeter.

231 Hindiyye, 3/117. Nach der schafi'itischen Rechtsschule ist die *Illeh* bei Gold und Silber deren Eigenschaft als Zahlungsmittel, bei Weizen, Gerste, Datteln und Salz deren Eigenschaft als Lebensmittel. Bei gegenseitigem Austausch von artgleichen Dingen die nicht vom Zins betroffen sind, entsteht kein *Nesi'eh*-Zins.

Um aber trotzdem Gold auf Kredit ankaufen zu können, gibt es die beiden folgenden Möglichkeiten, dies auch ohne verdeckten Zins zu tun:

- **Variante 1**: Man leiht sich vom Goldhändler einen Betrag, der dem Wert des Goldes entspricht, das man zu kaufen beabsichtigt, kauft dann damit das Gold und bezahlt später seine Schulden bei dem Händler zurück.
- **Variante 2**: Man leiht sich das Gold aus und begleicht später die Schulden mit derselben Menge Gold, die man sich ausgeliehen hat oder mit deren Gegenwert in Geld.

Alle oben genannten Bestimmungen für Gold gelten ebenso auch für Silber.

Anleihen und öffentliche Schatzwechsel

Anleihen und öffentliche Schatzwechsel fallen ebenfalls unter das Zinsverbot. Nur wenn jemand vom Staat als Gegenleistung für eine Forderung Anleihen oder Schatzwechsel erhält, ohne dass er dieser Zahlungsart zugestimmt hat, ist dies erlaubt.

Säumnisgebühren

Säumnisgebühren, die man bei öffentlichen Stellen für den Verzug einer Forderung bezahlen muss, fallen nicht unter die Kategorie Zinsen. Trotzdem muss man auch seine Schulden bei staatlichen Stellen rechtzeitig bezahlen, wenn es nicht einen triftigen Grund für die Verzögerung der Bezahlung der Schuld gibt.

Verwendung von Zinserträgen für die Bezahlung einer Steuerschuld

Zinserträge sind verbotene Erträge. Daher müssen diese an Bedürftige gespendet werden und dürfen nicht für private Zwecke verwendet werden. Darunter fällt auch die Bezahlung einer Steuerschuld mit verbotenen Zinserträgen. Auch Zinserträge, die sich nicht vermeiden lassen, weil man sie beispielsweise für Guthaben auf dem Girokonto erhält, müssen gespendet werden und dürfen nicht für den eigenen Vorteil genutzt werden.

Einkaufen mit einer Kreditkarte

Wenn der Kauf von Dingen per Kreditkarte nicht mit Zinsen verbunden ist, dann ist dagegen islamrechtlich nichts einzuwenden. Nur bei Dingen, deren Kauf mit der Voraussetzung einer direkten Übergabe des Kaufpreises am Vertragsort verbunden ist – wie der Kauf von Gold oder Silber – ist dies mit Kreditkarte nicht gestattet.

LEBEN UND TOD

Mord und Totschlag

Im Islam ist Mord die größte Sünde nach der Vielgötterei (*Schirk*).

In einem Quranvers heißt es dazu:

> *„Wer einen Menschen tötet, ohne dass dieser einen Mord begangen oder Unheil im Lande angerichtet hat, so ist er wie einer, der die ganze Menschheit ermordet hat. Und wer ein Leben erhält, so soll es sein, als hätte er die ganze Menschheit am Leben erhalten."*[232]

Und in einem anderen Vers heißt es:

> *„Wer einen Gläubigen mit Vorsatz tötet, dessen Lohn ist die Hölle; ewig soll er darin verweilen."*[233]

Selbstmord

Selbstmord ist genauso verboten wie das Töten anderer.

Im Edlen Quran heißt es dazu:

> *„Und bringt euch nicht selbst ums Leben; wahrlich, Allah ist barmherzig gegen euch."*[234]

---

232 El-Ma'ideh, Vers 32.
233 En-Nisa, Vers 93.
234 En-Nisa, Vers 29.

Selbstmord wegen unerträglicher Schmerzen

Es ist nicht erlaubt, dass eine Person, die unter starken Schmerzen leidet, Selbstmord begeht. Wer unerträglichen Schmerzen hat, der wende sich Allah dem Erhabenen zu und vertraue auf Seine Barmherzigkeit. Denn auch in einer solchen Situation ist Selbstmord verboten.

Sich den Tod wünschen

Sich den Tod zu wünschen ist, unter der Voraussetzung, dass man Angst vor dem Begehen von Sünden oder dem Verlust des eigenen Glaubens hat, erlaubt. Trotzdem ist es besser, sich den Tod nicht zu wünschen.[235]

Der Gesandte Allahs (s.a.w.s.) sagte dazu:

„Keiner von euch soll sich den Tod wünschen! Entweder handelt es ich um einen Wohltuenden, dann wird sich sein Gutes hoffentlich noch mehren, oder es handelt sich um einen Missetäter, der sich (dann) hoffentlich selbst tadelt (und so zur Besinnung kommt).“[236]

Hungerstreik

Wird das Leben oder die Gesundheit des Hungerstreikenden durch einen Hungerstreik gefährdet, dann ist dieser nicht erlaubt. Sollte man an den Folgen eines Hungerstreiks versterben, so gilt dies als Selbstmord.

Kaiserschnitt bei einer Verstorbenen

Einer verstorbenen schwangeren Frau darf ihr Kind operativ entnommen werden.[237]

---

235 Durrul Muhtar 6/419
236 Ahmed Bin Hanbel: Musned, Nr. 7568; Vgl. Suyuti: Fethul Kebir, Nr. 9947.
237 Bahrul Raik, 8/233.

Totenwaschung eines Mannes durch seine Ehefrau

Eine Frau darf den Leichnam ihres verstorbenen Ehemannes waschen, der Mann aber nicht den Leichnam seiner verstorbenen Ehefrau.[238]

Von der Bestattung eines Toten in einem bereits bestehenden Grab

Es ist nicht gestattet, ein Grab zu öffnen, um einen weiteren Leichnam darin zu beerdigen, bevor der zuvor darin bestattete Leichnam nicht vollkommen zu Staub zerfallen ist. Dabei spielt es keine Rolle, ob die beiden betroffenen Verstorbenen miteinander verwandt waren oder nicht.[239]

Nierenspende einer lebenden Person

Es ist erlaubt, eine der beiden Nieren zu spenden, wenn dies nicht die eigene Überlebensfähigkeit einschränkt. Eine Niere zu verkaufen ist aber nicht gestattet.

MAGIE UND ABERGLAUBE

Zauberei

Alle Arten von Zauberei, Hexerei oder schwarzer Magie sind *haram*.

Der Gesandte (s.a.w.s.) sagte dazu:

„Haltet euch von den sieben Verderbnissen fern!"
Da fragten seine Gefährten:
„O Gesandter Allahs, welche sind diese?"

---

238 Dies deshalb, weil der Ehemann unmittelbar mit dem Tod seiner Ehefrau islamrechtlich betrachtet für sie zu einem Fremden wird. Andersherum darf der verstorbene Mann noch von seiner Frau gesehen oder berührt werden, solange ihre *Iddeh* (Wartezeit nach dem Tod des Mannes) noch läuft. (Vgl. Tahtawi, II/208f.).
Nach der schafi'itischen Rechtsschule darf auch der Ehemann seine verstorbene Frau waschen.

239 *Durrul Muhtar* 2/219

Er antwortete:

„Allah etwas beizugesellen, Zauberei, ein Menschenleben zu nehmen, das unter dem Schutz Allahs steht - außer wenn ein Recht dazu besteht, Zins zu nehmen, das Eigentum einer Waise aufzubrauchen, im Krieg zu desertieren und falsches Zeugnis gegen jemanden abzulegen." [240]

Wahrsagerei

In vorislamischer Zeit wurde mittels beschrifteter Pfeile wahrgesagt. Heutzutage wird aus Kaffeesatz oder Händen gelesen, aus dem Stand der Sterne die Zukunft vorhergesagt oder es werden Karten gelegt. Diese und alle anderen Arten von Wahrsagerei sind verboten und daran zu glauben ist *haram*.

Der Glaube an Unglücksbringer

Der Glaube daran, dass es Dinge gibt, die Unglück bringen, stammt noch aus der vorislamischen Zeit. Der Gesandte (s.a.w.s.) sagte, als er von Umm Selemeh (r.a.) wegen eines Unglücks bemitleidet wurde:

„Mir stößt kein Unglück zu, außer wenn es für mich (schon zuvor) niedergeschrieben wurde und im Lehm Adams (vorhanden) war." [241]

Dies zeigt, dass der Aberglaube an irgendwelche Unglücksbringer wie schwarze Katzen oder zerbrochene Spiegel nicht mit den islamischen Glaubensgrundsätzen zu vereinen ist.

Reinkarnation

Der Wiedergeburtsglaube widerspricht nicht nur dem Islam, sondern allen abrahamitischen Religionen. Hier seien nur ein paar wenige Glaubensgrundsätze des Islams genannt, die nicht damit vereinbar sind: Befragung im Grab, Bestrafung im Grab, Bestrafung und Belohnung am Tag des Gerichts.

---

240   El-Bukhari: We'ayeh, 2615.
241   *Ibn Madscheh: Tibb*, 43

Unerlaubte Neuerungen *(Bid'ah)*

Bid'ah ist eine Neuerung, die im Gegensatz zur *Sunneh* des Propheten (s.a.w.s.) und seiner Gefährten steht und erst nach deren Ableben aufgekommen ist. Damit eine Handlung als *Bid'ah* gilt, muss sie einen religiösen Bezug haben. Fehlt ein Bezug zur Religion, dann wird eine Neuerung nicht als *Bid'ah* betrachtet. So ist es keine unerlaubte Neuerung, mit Messer und Gabel zu essen oder einen Computer zu benutzen.

Wann das Aufsagen der *Besmeleh* vor einer verbotenen Handlung zum Abfall vom Glauben führt

Spricht jemand die Besmeleh vor einer verbotenen Handlung mit der Absicht der Geringschätzung der Ge- und Verbote Allahs, dann fällt er dadurch vom Glauben ab. Spricht aber jemand die Besmeleh vor einer verbotenen Handlung, weil er es gewohnt ist, jede Handlung mit der *Besmeleh* zu beginnen, so fällt er dadurch nicht vom Glauben ab.[242]

FRAGEN UND ANTWORTEN ZU DEN OBEN BEHANDELTEN THEMEN

Fragen zum Schächten

FRAGE 1: Ist es erlaubt, das Fleisch von Tieren zu essen, die von Atheisten geschlachtet wurden?

ANTWORT: Nein, nur das Fleisch von Tieren, die von Muslimen, Christen oder Juden geschlachtet wurden, darf verzehrt werden. Hierbei ist es erstens wichtig, dass der Schriftbesitzer seiner Religion folgt und die Glaubensgrundsätze seiner Religion kennt und an diese glaubt. Zweitens müssen wir wissen, dass dieser das Tier nach jenen Regeln schlachtet, die in der Bibel oder der Thora aufgeführt sind, denn diese Regeln unterscheiden sich prinzipiell nicht von jenen der Muslime und deshalb ist ein Tier, das nach

---

242 *Tahtawi*, S. 4.

diesen Regeln geschlachtet wurde, den Muslimen erlaubt. Dies sind im Prinzip zwei Regeln, die der Schriftbesitzer zu beachten hat: Erstens muss das Tier im Namen Gottes geschlachtet werden und zweitens muss die Kehle des Tiers durchtrennt werden, so wie dies bei den Bedingungen des Schächtens beschrieben wurde.

Fragen zu Fisch und Meeresfrüchten

FRAGE 2: Darf man Aale und Haie essen?

ANTWORT: Beide Tierarten zählen zu den Fischen, also darf man sie essen.

FRAGE 3: Ist es erlaubt, Fische zu essen, die von selbst verstorben sind?

ANTWORT: Nein, dies ist nicht erlaubt.[243]

FRAGE 4: Darf man Fische essen, die ohne das vorherige Aussprechen der *Besmeleh* gefischt worden sind?

ANTWORT: Ja. Das vorherige Aussprechen der Besmeleh wird nur für die Jagd und für die Schlachtung von Landtieren vorausgesetzt.

FRAGE 5: Ist es erlaubt, Fische zu verzehren, die in schmutzigen Gewässern gefangen wurden?

ANTWORT: Ja. Die Wasserqualität der Fischgründe hat keinen Einfluss darauf, ob es erlaubt ist, einen gefangenen Fisch zu verzehren oder nicht.

---

243 *Medschme'ul Enhur,* 2/514. Ausgenommen davon sind verstorbene Fische, die mit dem Rücken nach oben auf der Wasseroberfläche treiben. Diese dürfen verzehrt werden. (*Reddul Muhtar,* 9/511-512).
Nach den schafi'itischen Gelehrten ist der Verzehr von selbst verstorbenen Fischen uneingeschränkt erlaubt.

FRAGE 6: Darf man Fische essen, die im Bauch eines anderen Fisches vorgefunden werden?

ANTWORT: Wenn diese unversehrt sind, dann darf man sie essen.

FRAGE 7: Gehört der Wal zu den Fischarten?

ANTWORT: Islamrechtlich gesehen zählt der Wal zu den Fischen und darf also verzehrt werden.

FRAGE 8: Ist der Verzehr von Fischen erlaubt, die von Atheisten gefangen wurden?

ANTWORT: Ja, denn bei Fischen spielt es keine Rolle, ob der Fischer Muslim, Atheist oder Angehöriger einer nichtislamischen Religionsgemeinschaft ist.

FRAGE 9: Darf man Meeresfrüchte wie Muscheln, Austern oder Hummer essen?

ANTWORT: Nein, der Verzehr von Meeresfrüchten ist haram.[244]

Fragen zu Gold und Silber

FRAGE 10: Darf ein Mann Abzeichen aus Gold oder Silber tragen?

ANTWORT: Nein, das darf er nicht.

FRAGE 11: Sollte man einem Jungen erlauben, Goldschmuck zu tragen?

ANTWORT: Nein, denn erstens ist das Schmücken mit Gold nach der prophetischen Überlieferung allen Männern verboten, und dazu zählen auch männliche Kinder, und zweitens dürfen Jungen

---

244 In der schafi'itischen, malikitischen und hanbelitischen Rechtsschule ist der Verzehr von Meeresfrüchten erlaubt.

keinen Goldschmuck tragen, weil dies dem Verhalten der Frauen ähnelt und somit auch deshalb verboten ist.[245]

FRAGE12: Gibt es Einwände dagegen, dass eine Frau einen silbernen Gürtel trägt?

ANTWORT: Nein, gibt es nicht.

FRAGE 13: Gibt es Einwände dagegen, an Gegenständen Verzierungen aus Gold oder Silber anzubringen?

ANTWORT: Nein, gibt es nicht.

FRAGE 14: Darf man Goldzähne aus dem Mund eines Verstorbenen entnehmen?

ANTWORT: Festsitzende Goldzähne dürfen nicht entnommen werden, lose sitzende hingegen schon.

FRAGE 15: Ist das Füllen der Zähne oder das Einsetzen von Zahnkronen aus Gold erlaubt?

ANTWORT: Nach Imam Hanifeh (rah.) ist dies nicht gestattet, nach Imam Ebu Yusuf (rah.) und Imam Muhammed (rah.) hingegen schon.[246] Allgemein gilt, dass die Zähne nicht mit Gold oder Silber gefüllt oder die Zahnkronen aus Gold und Silber angefertigt werden sollen, wenn hierfür andere Materialien zur Verfügung stehen. Stehen keine anderen Materialien zur Verfügung, ist dem Silber der Vorrang vor dem Gold zu geben.

Fragen zum Gebrauch von Seide

FRAGE 16: Dürfen Frauen seidene Kopftücher tragen?

---

245 *El-Ikhtiyar*, 4/159.
246 In der schafi'itischen Rechtsschule ist dies uneingeschränkt erlaubt.

ANTWORT: Das Tragen seidener Kleidungsstücken ist Frauen uneingeschränkt erlaubt. Dazu zählt auch das Tragen von seidenen Kopftüchern.

FRAGE 17: Dürfen kleine Jungen seidene Kleidungsstücke tragen?

ANTWORT: Nein, dies ist nicht erlaubt.[247]

FRAGE 18: Darf man Kissen oder Matratzen mit seidenen Bettlaken beziehen?

ANTWORT: Nach Imam Ebu Hanifeh (rah.) ist dies erlaubt. Nach Iman Ebu Yusuf (rah.) und Imam Muhammed (rah.) aber nicht.[248] Die Fetwa wird nach Imam Ebu Hanifeh (rah.) erstellt.

Der Bezug von Bettdecken mit seidenen Bettbezügen ist aber in Übereinstimmung der Gelehrten verboten.

FRAGE 19: Dürfen Männer seidene Krawatten oder Kopfbedeckungen tragen oder seidene Taschentücher bei sich tragen?

ANTWORT: Nein, dies ist nicht erlaubt.

Fragen zum Umgang mit Nichtmuslimen

FRAGE 20: Darf man der Einladung eines Nichtmuslims Folge leisten oder selbst Nichtmuslime zu sich nach Hause einladen?

ANTWORT: Ja, dagegen gibt es keine Einwände.

FRAGE 21: Macht es islamrechtlich einen Unterschied, ob man eine muslimische oder eine nichtmuslimische Frau ansieht?

---

247 *Tebyin*, 6/16.
248 In der schafi'itischen Rechtsschule ist dies ebenfalls nicht erlaubt.

ANTWORT: Nein, in beiden Fällen ist nur der Anblick von Gesicht und Händen erlaubt, und auch nur dann, wenn man dabei keine Wollust empfindet.[249]

FRAGE 22: Darf man einen Krankenbesuch bei Nichtmuslimen machen?

ANTWORT: Ja.[250] Wenn man kranke nichtmuslimische Nachbarn hat, dann ist dies – im Interesse eines guten Nachbarschaftsverhältnisses – sogar unausweichlich.

FRAGE 23: Darf man mit Nichtmuslimen Geschäfte machen?

ANTWORT: Ja. Nur wenn es sich um Handelswaren handelt, die islamrechtlich verboten sind, wie zum Beispiel Wein oder Schweinefleisch, dann ist dies nicht erlaubt.

FRAGE 24: Darf man Nichtmuslimen des anderen Geschlechts die Hand schütteln?

ANTWORT: Nein. Genauso wie es verboten ist, Muslimen des anderen Geschlechts die Hand zu schütteln, ist dies auch bei Nichtmuslimen verboten.

Fragen zum richtigen Verhalten beim Essen

FRAGE 25: Darf man sich von den Speisen eines Freundes bedienen, ohne ihn vorher um Erlaubnis zu fragen?

ANTWORT: Ja, dies ist erlaubt.[251]

FRAGE 26: Darf man im Zustand großer ritueller Unreinheit (*dschenabeh*) essen?

---

249 *Reddul Muhtar*, 6/369.
250 *Hindiye*, 5/348.
251 *En-Nur*, Vers 61.

ANTWORT: Wenn man in diesem Zustand isst, ohne sich zuvor die Hände gewaschen und den Mund ausgespült zu haben, dann ist dies *mekruh tenzihen*.

FRAGE 27: Darf man Gemüse oder Obst essen, das mit schmutzigem Wasser gegossen wurde?

ANTWORT: Ja.[252]

FRAGE 28: Wie wird das Essen mit der linken Hand islamrechtlich eingestuft?

ANTWORT: Sofern es keine triftigen Gründe gibt, dies zu tun, dann ist das Essen mit der linken Hand *mekruh tenzihen*. Es spricht aber nichts dagegen, die linke Hand beim Essen zur Unterstützung der rechten Hand einzusetzen.

FRAGE 29: Jemand befindet sich in einer Notlage und isst etwas, das ihm nicht gehört. Muss er den Gegenwert des verbrauchten Lebensmittels später zurückerstatten?

ANTWORT: Ja, dazu ist er verpflichtet.[253]

FRAGE 30: Sollte jemand, der Angst hat, den Hungertod zu sterben, eher das Fleisch eines verendeten oder gegen die islamischen Vorschriften geschlachteten Tieres essen oder sich am Eigentum eines anderen bedienen?

ANTWORT: Es ist besser, eher das Fleisch eines verendeten Tieres zu essen, da es islamrechtlich erwiesenermaßen erlaubt ist, dies im Notfall zu tun.[254]

FRAGE 31: Wie wird das Essen während des Gehens islamrechtlich eingestuft?

---

252 *Reddul Muhtar*, 3/217.
253 *Ebd.*, 3/45. Laut der schafi'itischen Rechtsschule muss er dies nicht.
254 Nach Imam Malik sollte man hingegen den Besitz eines Anderen vorziehen.

ANTWORT: Dies ist *mekruh tenzihen*.

Fragen zum Schambereich des Menschen *(Awreh)*

FRAGE 32: Gehören Nabel und Knie zum Schambereich des Mannes?

ANTWORT: Der Nabel gehört nicht zum Schambereich des Mannes, seine Knie schon.[255]

FRAGE 33: Ab welchem Bereich muss eine Frau ihren Hals verhüllen?

ANTWORT: Der komplette Hals einer Frau muss in der Öffentlichkeit bedeckt sein, außer demjenigen Bereich, der bei der rituellen Gebetswaschung mit Wasser in Berührung kommen muss (also der Bereich zwischen dem Kinn und dem Halsansatz).

FRAGE 34: Muss eine Frau, die alleine zu Hause ist, ihren Kopf und ihre Arme bedecken?

ANTWORT: Nein, es gilt aber als tugendhaftes Verhalten, wenn sie es dennoch tut.

FRAGE 35: Welche Körperteile einer nahen Verwandten *(Mahram)* darf ein Mann betrachten?

ANTWORT: Er darf ihren gesamten Körper, außer ihren Bauch, ihren Rücken, ihre Flanken und den Bereich zwischen ihrem Nabel und ihren Knien betrachten.[256]

FRAGE 36: Darf eine Frau den nackten Körper ihres verstorbenen Gatten ansehen?

---

255 In der schafi'itischen Rechtsschule gehören weder Nabel noch Knie des Mannes zu seinem Schambereich.

256 *Binaye*, 9/24; *Tebyin*, 6/16. Laut der schafi'itischen Rechtsschule darf er ihren gesamten Körper, außer den Bereich zwischen ihrem Bauchnabel und ihren Knien, betrachten.

ANTWORT: Ja, das darf sie. Andersherum darf aber der Mann den nackten Körper seiner verstorbenen Frau nicht ansehen, denn nach ihrem Tod gilt sie für ihn islamrechtlich als Fremde.[257]

FRAGE 37: Darf man die abgeschnittenen Haare einer fremden Frau anblicken?

ANTWORT: Nein. So wie der Anblick der Haare einer fremden Frau einem fremden Mann verboten ist, solange sie angewachsen sind, genauso ist es auch verboten, deren Haare anzusehen, wenn sie abgeschnitten wurden oder ausgefallen sind.[258]

Fragen zur Regelblutung

FRAGE 38: Darf sich eine Frau in der Zeit ihrer Regelblutungen ihre Zähne füllen oder Zahnkronen einsetzen lassen?

ANTWORT: Nur wenn dies aus gesundheitlichen Gründen erforderlich ist, ist es erlaubt. Dann wird das Füllen der Zähne oder das Einsetzen einer Zahnkrone islamrechtlich mit dem Anbringen eines Verbandes gleichgesetzt. Hat man aber keine Schmerzen und kann auch ohne einen zahnärztlichen Eingriff Nahrung zerkauen, solange die Periode anhält, dann muss man warten, bis die Blutungen abgeklungen sind.

FRAGE 39: Darf man das Fleisch eines Tieres essen, das eine Frau während ihrer Regelblutung geschlachtet hat?

ANTWORT: Ja, dies ist erlaubt.

FRAGE 40: Ist es erlaubt, dass sich eine menstruierende Frau die Haare färbt?

---

257 Laut der schafi'itischen Rechtsschule darf der Ehemann den kompletten nackten Körper seiner verstorbenen Ehefrau anblicken.
258 *Hediyetul Ala'iyeh*, S. 245.

ANTWORT: Ja. Man sollte aber allgemein darauf achten, nur Farben zu verwenden, die die Haare nicht versiegeln, denn sonst sind die rituellen Waschungen der Frau nicht gültig.

FRAGE 41: Spricht etwas dagegen, dass sich eine menstruierende Frau ihre Haare oder Nägel schneidet?

ANTWORT: Nein, es spricht nichts dagegen. Aber es ist *mekruh tenzihen*, wenn sich eine Frau ihre Haare oder Nägel schneidet, nachdem ihre Regelblutung zu Ende gegangen ist und noch bevor sie die rituelle Ganzkörperwaschung vollzogen hat.

FRAGE 42: Darf sich eine Frau in der Zeit ihrer Menstruation vermählen?

ANTWORT: Ja. Sie darf aber erst dann Geschlechtsverkehr haben, wenn ihre Regelblutungen beendet sind.

FRAGE 43: Darf eine Frau während ihrer Regelblutung *Dua'as* (Bittgebete) sprechen oder Allahs Namen erwähnen *(Dhikr)*?

ANTWORT: Ja, dies ist erlaubt.

FRAGE 44: Welche Quranverse darf eine Frau, die ihre Regelblutung hat, rezitieren?

ANTWORT: Sie darf alle Quranverse, die als *Dua'as* gelten, als *Dua'as* aufsagen, wenn sie die entsprechende Absicht dazu fasst. Quranverse, die nicht die Bedeutung eines *Dua'as* haben, darf sie hingegen auch dann nicht als *Dua'as* aufsagen, wenn sie dafür die Absicht eines *Dua'as* fasst.

FRAGE 45: Darf eine menstruierende Frau einer Quranrezitation zuhören und dem Text des Edlen Quran dabei mit den Augen folgen, ohne diesen dabei zu berühren oder den Text mitzusprechen?

ANTWORT: Ja, dies ist erlaubt.

FRAGE 46: Darf eine menstruierende Frau die Suren El-Fatihah und El-Ikhlas aufsagen?

ANTWORT: Ja, wenn sie dies mit der Absicht eines *Dua'as* oder des Lobpreises tut.[259]

FRAGE 47: Wie kann eine Quranlehrerin während ihrer Regelblutung den Edlen Quran lehren?

ANTWORT: Sie lehrt den Edlen Quran Wort für Wort, wobei sie deutliche Pausen zwischen den einzelnen Wörtern macht.[260]

FRAGE 48: Darf eine menstruierende Frau einen Friedhof aufsuchen?

ANTWORT: Ja, dies ist erlaubt.

Fragen zur Eheschließung

FRAGE 49: Darf ein Mann die Mutter einer Frau heiraten, von der er sich zuvor geschieden hat, ohne mit ihr Geschlechtsverkehr gehabt zu haben?

ANTWORT: Nein, das darf er nicht. Aber andersherum darf er die Tochter einer Frau heiraten, wenn er sich zuvor von ihrer Mutter geschieden hat, ohne dass er mit ihr geschlechtlich verkehrt hatte.[261]

FRAGE 50: Darf ein Mann eine atheistische Frau mit der Absicht heiraten, ihr den Islam näher zu bringen?

---

259 *El-Fiqhul Islami*, 1/384.
260 *Hindiyye*, 1/38.
261 *Ebd.*, 5/340.

ANTWORT: Nein, auch aus so ehrenwerten Motiven heraus ist es nicht erlaubt, eine atheistische Frau zu heiraten. Nur wenn eine Frau zum Zeitpunkt der Ehe entweder Muslimin, Christin oder Jüdin ist, ist eine Eheschließung gültig.

FRAGE 51: Muss eine Frau, die geheiratet hat und wieder geschieden wurde, bevor es zum Geschlechtsverkehr mit ihrem Mann kam, die Scheidungsfrist abwarten, bevor sie erneut heiraten darf?

ANTWORT: Nein, in diesem Fall muss sie die Wartefrist nicht abwarten. Wenn aber ihr Ehemann verstorben ist, bevor es zum Geschlechtsverkehr kam, so muss sie die Wartefrist für Witwen[262] einhalten, bevor sie erneut heiraten darf.

FRAGE 52: Ist die Heirat einer muslimischen Frau mit einem nichtmuslimischen Mann erlaubt?

ANTWORT: Nein, eine muslimische Frau darf keinen nichtmuslimischen Mann heiraten egal welcher Religionsgemeinschaft dieser angehört oder ob er Atheist ist.[263]

Sonstige Fragen

FRAGE 53: Fällt man vom Glauben ab, wenn man etwas als haram bezeichnet, das halal ist, oder etwas als halal bezeichnet, das haram ist?

ANTWORT: Ja, wenn man etwas als *haram* bezeichnet, das eindeutig *halal* ist oder etwas als *halal*, das eindeutig *haram* ist, dann fällt man vom Glauben ab.

FRAGE 54: Ist es erlaubt, Tiere zum Zeitvertreib zu töten?

---

262 Die Wartefrist für Witwen beträgt vier Monate und zehn Tage. Die Wartefrist nach einer Scheidung beträgt die Dauer von drei kompletten Menstruationszyklen.
263 *El-Mumtehineh*, 10.

ANTWORT: Nein, selbst wenn es sich um ein Jagdtier handelt, ist dies nicht erlaubt.

FRAGE 55: Gilt das Abtreibungsverbot für ehelich und unehelich gezeugte Kinder gleichermaßen?

ANTWORT: Ja, es spielt keine Rolle, ob das Kind auf erlaubtem oder unerlaubtem Wege gezeugt wurde.

FRAGE 56: Ist es erlaubt, alkoholhaltige Medizin einzunehmen?

ANTWORT: Dies ist nur erlaubt, wenn es keine gleichwertige Alternative dazu gibt und ein muslimischer Arzt die Erlaubnis dazu erteilt.

FRAGE 57: Zählen Gewinnspiele wie Lotto auch als Glücksspiel?

ANTWORT: Ja, Gewinnspiele wie Lotto oder Pferdewetten gelten ebenfalls als Glücksspiele.

FRAGE 58: Muss man verbotene Lebensmittel zu sich nehmen, wenn man Gefahr läuft, ohne diese zu verhungern?

ANTWORT: Ja, denn es ist Sünde, wenn man verhungert, obwohl man hätte überleben können, wenn man verbotene Lebensmittel zu sich genommen hätte.[264]

---

264 *Hindiyye*, 5/338.

A

Awreh Schambereich. Dies sind diejenigen Körperteile, die im Gebet verdeckt werden müssen, damit das Gebet gültig ist und diejenigen Körperteile, die man vor einem *Nicht-Mehram* verbergen muss.

Ayeh: Der Quranvers. Wörtlich: Das Zeichen, das Anzeichen, das Merkmal, das Wunder.

Ayetu Sudschud: Ein Quranvers, der eine Rezitationsniederwerfung (*Sudschudu Tilaweh*) erforderlich macht.

Azl: Wörtlich: Die Trennung. Die Abtrennung. Koitus interruptus. Die Unterbrechung des Geschlechtsverkehrs, bevor es beim Mann zum Samenerguss kommt. Das Ejakulieren außerhalb des weiblichen Geschlechtsorgans oder das Ejakulieren in ein Kondom.

B

Besmeleh Dies ist die Formel „Bismillahirrahanirrahim" (= „Mit dem Namen Allahs, des Allerbarmers, des Barmherzigen").

Bid'ah: Neuerung, religiöse Neuerung. Im Islam gibt es gute Neuerungen (*Bid'atul haseneh*) und schlechte, verwerfliche Neuerungen (*Bid'atu seyyi'eh*).

D

Dhikr: Gottgedenken. Das Nennen der Namen Allahs oder anderer Gedenkformeln wie das Aussprechen von Segenswünschen auf den Gesandten Allahs (s.a.w.s.) (*Salewat*).

Dschahiliyeh: Die Zeit der Unwissenheit. Die Zeit vor der Offenbarung des Islam. Die vorislamische Zeit. Oder: Die Zeitspanne zwischen dem Aufstieg von Isa - Allahs Segen sei auf ihm - und dem Beginn der Gesandtschaft Muhammeds - Allahs Segen und Friede sei auf ihm.

Dschenabeh/Dschunub Zustand der großen rituellen Unreinheit, der die Ausführung eines *Ghusl* erforderlich macht.

E

Ehlul Kitab Die Angehörigen des Buches = Juden und Christen.
Fard: Absolute Verpflichtung. Eine religiös verpflichtende Handlung, deren Verpflichtung durch unumstößliche Beweise aus dem Edlen Quran oder der *Sunneh* belegt ist bzw. abgeleitet wurde.

F

Fetwa: Das Rechtsurteil.

G

Ghusl: Die große rituelle Waschung. Die (rituelle) Ganzkörperwaschung. Die (rituelle) Vollkörperwaschung.

H

Hadith, Hadithe: Prophetischer Ausspruch, prophetische Überlieferung, prophetische Tradition.

Halal: Erlaubtes. Zulässiges. Gesetzmäßig. Legitim. **Der Begriff** *halal* **bezeichnet all das, was nach islamischem Recht erlaubt ist.**

Haram: Absolut verbotene Handlung, deren Verbot eindeutig aus dem Edlen Quran oder einer authentischen Überlieferung des Propheten Muhammed (s.a.w.s.) hervorgeht oder abgeleitet wurde (wie beispielsweise *Schirk* (Vielgötterei) und der Verzehr von Schweinefleisch).

I

Iddeh: Die Wartezeit, die Wartefrist. Dies ist die Zeit, die eine Frau abwarten muss, bis eine vorläufige Scheidung (*Talaqu Radsch'i*) rechtsgültig ist oder bis sie einen anderen Mann heiraten darf, nachdem ihr Mann eine endgültige Scheidung (*Talaqul Ba'in*) ausgesprochen hat. Die Dauer der *Iddeh* richtet sich nach dem Status der Frau: ist sie eine Frau, die Monatsblutungen hat, so muss sie drei Monatsblutungen abwarten, bis ihre Wartezeit abgelaufen ist. Findet die Scheidung während ihrer Periode statt, so beginnt sie erst ab ihrer nächsten Menstruation zu zählen. Ist sie eine Frau, die keine Monatsblutungen hat, muss sie drei volle Monate – ab dem Tag der Scheidung – abwarten. Ist sie schwanger, so dauert ihre *Iddeh* so lange an, bis sie ihr Kind zur Welt gebracht hat. Ist ihr Ehemann verstorben, muss sie pauschal vier Monate und zehn Tage abwarten, bis ihre Wartezeit abgelaufen ist.

Ihtikar : Die Monopolisierung. Das Horten. Islamrechtlich: Das Zurückhalten von Gütern, um dadurch den Preis für diese Güter in die Höhe zu treiben.

Illeh : Die Ursache, der Anlass, die Begründung. Islamrechtlich: Die *Illeh* dient als Grundlage für die Erstellung von Rechtsurteilen. Ist die *Illeh* vorhanden, so kommt es zu einem Urteil; ist die *Illeh* nicht vorhanden, so kommt es zu keinem Urteil. Beispiel: Das Zinsverbot bei Kaufgeschäften gründet darauf, dass zwei Dinge gleicher Art nicht mit Überschuss gegeneinander ausgetauscht werden dürfen. Die gleiche Art ist also die *Illeh*. So darf Gold gegen Gold nicht mit Überschuss getauscht werden wegen des Vorhandensein der *Illeh* Gold. Gold oder Silber dürfen aber mit Gewinn gegeneinander ausgetauscht werden, weil hier die *Illeh*, die ein Verbot begründet, nicht vorhanden ist.

Istimna: Die Selbstbefriedigung. Die Masturbation.

K

Kebirah: Die große Sünde.

Khalweh: Das Alleinsein. Die Zurückgezogenheit. Islam. Recht: Das Alleinsein von Mann und Frau in einem geschlossenen Bereich.

M

Mahram: Mit *Mahram* bezeichnet man die nahen Verwandten einer Person, die diese auf ewig nicht heiraten darf.

Mahram-Männer: Als „nahe männliche Verwandte" (*Mahram*) einer Frau zählen alle männlichen Familienmitglieder, die diese nicht heiraten darf. Vertikale Blutlinie: Vater, Großväter, Söhne und (Ur-)Enkel; horizontale Blutlinie: Brüder, Halbbrüder, Söhne der Geschwister, (Ur-)Enkel der Geschwister, Onkel und Großonkel mütterlicher- und väterlicherseits. Dasselbe gilt für die männliche Milchverwandtschaft. Dazu zählen auch die männlichen Verwandten durch Verschwägerung, wie Vater, Großväter, Enkel und Urenkel des Mannes.

Mekruh: Verwerfliche Handlung: Dies sind Taten, die entweder nahe am Verbot angesiedelt sind (*mekruh tahrimen*) oder deren Weglass besser ist, als deren Ausführung (*mekruh tenzihen*).

Mekruh tahrimen: Sehr verwerfliche Handlung. *Mekruh Tahrimen-Handlungen* sind so verwerflich, dass sie an der Grenze zum Verbot angesiedelt sind. Hierzu zählen beispielsweise der Weglass von *Wadschib-Handlungen* und das Verrichten des Nachmittagsgebets zur Zeit des Sonnenuntergangs.

Mekruh tenzihen: Nichtempfohlene Handlung. Die Ausführung von *Mekruh Tenzihen-Handlungen* wird zwar nicht empfohlen wird, aber ihr Verwerflichkeitsgrad ist so gering, dass sie an der Grenze zum Erlaubten angesiedelt sind. Hierzu zählen beispielsweise der Weglass einer *Sunneh-* oder *Mustehabb-Handlung.*

Medhheb Die Rechtsschule. Die Methode. In der Ehlu Sunneh wel Dschema'ah gibt es vier Rechtsschulen: die hanefitische, die schafi'itische, die malikitische und die hanbelitische. Diese vier Rechtsschulen stehen gleichwertig nebeneinander.

Mendub (= Mustehabb) Schöne Handlung. Eine Handlung, deren Ausführung vom Erhabenen Allah belohnt wird, deren Weglass aber vom Erhabenen Allah nicht bestraft wird (wie beispielsweise das freiwillige Fasten oder das Geben von Almosen).

Mesdschid: Die Moschee. Die Gebetsstätte.

Mubah: Erlaubte Handlungen. Diese Handlungen werden vom Erhabenen Allah weder gelobt noch getadelt.

Mudschtehid: Rechtsgelehrter, der eine selbständiges Rechtsurteil aufgrund der Rechtsquellen trifft. Ein Mudschtehid macht Idschtihad. Dies bedeutet, dass er sich darum bemüht, aus den Rechtsquellen (Edler Quran und Sunneh) ein neues, eigenständiges Rechtsurteil zu verfassen.

Mustehabb (= Mendub): Schöne Handlung. Eine Handlung, deren Ausführung vom Erhabenen Allah belohnt wird, deren Weglass aber vom Erhabenen Allah nicht bestraft wird (wie beispielsweise das freiwillige Fasten oder das Geben von Almosen).

N

Nafileh: Freiwillige *Ibadeh* (gottesdienstliche) Handlungen (wie beispielsweise das freiwillige Fasten oder die Verrichtung des *Salatu Duha*).

Nedschis: Unrein. Unsauber. Schmutzig. Islam. Recht: rituell unrein.

Nedschisul Ayn: Unrein an sich. Dies sind Substanzen, die durch und durch unrein sind, wie beispielsweise Urin, Kot oder Blut. Auch das Schwein ist *nedschisul ayn*, d. h. dass alle Teile des Schweins unrein sind.

Q

Qard: Das Darlehen.

R

Riba: Der Zins. Das Überschussgeschäft.

Ribal Fadl: Der Überschusszins. Dies ist der Austausch zweier Sachen gleicher Gattung, wobei ein Zuwachs bei einer dieser beiden Sachen, aber keine Verzögerung der Inbesitznahme stattfindet.

Riba Nesi'eh: Der Verzugszins. Riba'u Nesi'eh entsteht bei Kaufgeschäften mit Zahlungsmitteln, bei denen eine sofortige Übergabe der Zahlungsgüter stattfinden muss. Bezahlt man erst später, dann ist dieser Verzögerung der Riba'u Nesi'eh, auch wenn nicht mehr bezahlt wird, wie bei einer sofortigen Übergabe.

S

Sadaqah: Das Almosen. Die Spende. Islamrechtlich: Der Begriff Sadaqah wird hier sowohl für ein Almosen als auch für die Armensteuer (Zekah) verwendet.

Sahabi (Pl. Sahabeh/Eshab) Die Gefährten des Gesandten - Allahs Segen und Friede sei auf ihm. Dies sind diejenigen Zeitgenossen des Gesandten - Allahs Segen und Friede sei auf ihm, die diesen zu ihren Lebzeiten getroffen haben, den Islam angenommen haben und als Muslime verstorben sind.

Sarf: Das *Geldwechseln. Der Tausch. Das Tauschgeschäft"*. Dies ist der Umtausch von Gold, Silber oder Bargeld in sich selbst oder in eine der beiden anderen Wertaufbewahrungsmöglichkeiten oder in eine fremde Währung. Beispiel: Gold kann in Gold, in Silber, in Euro oder in Fremdwährungen umgetauscht werden.

Sedschdetul Tilaweh Die Rezitationsniederwerfung, die erforderlich wird, nachdem eine *Ayetu Sudschud* rezitiert wurde.

Selem: Der Terminkauf. Islamrechtlich: Ein Kauf mit Vorauszahlung. Hier wird der Kaufpreis bei Abschluss des Vertrages entrichtet, die Ware wird aber erst zu einem späteren Termin geliefert, der beim Abschluss des Vertrages festgelegt wurde.

Sunneh: Prophetische Tradition. Dies sind gewisse Bräuche des Propheten (s.a.w.s.), die auf seinen Aussagen, Handlungen oder seiner stillschweigenden Duldung basieren und deren Befolgung nicht als *Fard* oder *Wadschib* eingestuft wird.

T

Talaq: Die Scheidung, die Ehescheidung.

Talaqul Ba'in: Die rechtsgütig gewordene Scheidung.

Talaqul Bid'ah: Die sittenwidrige Scheidung. Dies ist die Scheidung während der Monats- oder der Wochenbettblutung der Frau. Oder wenn er während ihrer blutungsfreien Zeit mit ihr Geschlechtsverkehr hatte und sich anschließend scheiden lässt. Und wenn mehrere Aussagen mit Scheidungsabsicht hintereinander fallen.

Talaqu Radsch'i: Die vorläufige Scheidung. Die Scheidung mit Rücknahmerecht, solange die *Iddeh* noch nicht abgelaufen ist.

Talaqu Sunni: Die traditionelle Scheidung. Dies ist eine Scheidung, die während der blutungsfreien Zeit (*Tuhr*) der Frau ausgesprochen wird. Wobei in dieser blutungsfreien Zeit kein Geschlechtsverkehr zwischen den Ehepartnern stattgefunden haben darf.

Tawaf: Die Umrundung der Kaaba.

Tawafu Ziyareh: Die Besuchsumrundung der Kaaba. Diese ist einer der Pfeiler der Hadsch und wird nach dem Stehen bei Arafat und der Steinigung bei Mina ausgeführt.

Teqabud: Die gegenseitige Besitzergreifung. Islam. Recht: Alle Vertragspartner übergeben am Vertragsort alle Waren und alle Zahlungsmittel, die mit einem Geschäft zusammenhängen, an die entsprechenden Vertragspartner.

Teyemmum Die Erdwaschung, die Ersatzwaschung. Die Ersatzwaschung mit Erde, die ausgeführt werden darf, wenn kein Wasser für die Gebetswaschung vorhanden ist oder ein Entschuldigungsgrund für die Ausführung der Ersatzwaschung vorliegt.

Ta´zir Die Ermessenstrafe. Die "Ermessensentscheidung". D..h. dass der Richter das Strafmaß für eine begangene Tat selbst festlegen kann, weil es kein vorgeschriebenes Strafmaß im Edlen Quran oder der *Sunneh* gibt. Dabei muss das Strafmaß unter den vom Erhabenen Allah im Edlen Quran festgelegten Körperstrafen liegen.

U

Ummeh: Die Gemeinschaft. Die Gemeinde.

W

Wadschib Verpflichtende Handlung. Die Notwendigkeit. Das Erfordernis. Eine religiöse Pflicht, deren Verpflichtungsgrad zwischen der *Fard* und der *Sunneh* liegt.

Wudu: Die kleine rituelle Gebetswaschung, bei der sich der Gläubige von der kleinen rituellen Verunreinigung (*Hadeth*) reinigt, um diejenigen *Ibadeh* (gottesdienstlichen) Handlungen ausführen zu können, für die das Vorhandensein der rituellen Reinheit vorausgesetzt ist.

Z

Zina: Die Unzucht. Der außereheliche Geschlechtsverkehr. Der Ehebruch.